方法教育改革の理論

助川晃洋
Sukegawa Akihiro

春風社

教育方法改革の理論

目次

まえがき …… 5

第1部　教育方法の基底 …… 9

第1章　教育方法思想の形成
　　　　──西洋教育史上の主要人物を取り上げて …… 11

第2章　体験学習批判の視点
　　　　──"Erfahrung"との相違に見る"Erlebnis"の独自性 …… 32

第2部　グローバリズムと学力 …… 51

第3章　キー・コンピテンシーと"well-being"
　　　　──両者の関係のとらえ方とそれを支える福祉理論について
　　　　　　　　　　　　　　　　　　　　　　　　　　　　…… 53

第4章　子どもの"well-being"にかかわる教育言説の妥当性
　　　　──自尊感情と幸福度の低さをめぐって …… 73

第5章　公立中高一貫校の学力要求
　　　　──適性検査に着目して …… 94

第3部　授業とカリキュラムの創造 …… 129

　第6章　授業研究の諸相
　　　　　──学術研究と現場実践の重層性 …… 131

　第7章　「主体的・対話的で深い学び」の実現
　　　　　──アクティブ・ラーニングの視点からの授業改善に向けて
　　　　　　　　　　　　　　　　　　　　　　　　　…… 157

　第8章　カリキュラム・マネジメント実践における
　　　　　「つながり」の創出
　　　　　──特に学校段階間の接続に焦点を当てて …… 172

　第9章　方法的措置としての小中連携
　　　　　──学習指導要領の理念を具現化するために …… 183

あとがき …… 195

まえがき

　一昔前や二昔前どころか、もはやそれよりずっと以前のものになったドイツ教育学理論を自分の守備範囲と思い定め、特に「教育的関係」(pädagogischer Bezug) 論の成立と展開に関する学説史的研究に取り組んでいた筆者にとって、現代日本の教育は、近くにありながら、随分と遠い対象だった。しかしこの距離を克服するきっかけは、宮崎県内を中心に、全国各地の教育委員会や学校から依頼を受けて、小中一貫教育をはじめとする地域教育改革実践の現場に足を踏み入れる機会に数多く恵まれたことや、様々な共同研究プロジェクトにお誘いいただき、教育学の諸分野はもちろん、文化人類学や社会学の研究者と交流する中で、現地訪問・調査とそこで入手したデータを大事にする実証的な手法について教えていただいたことによって、自分の外側からもたらされた。年齢を重ね、大学教員としてのキャリアを積むに従って、自然と地域貢献の意識が高まり、それ相応の責任を実社会の中で果たさなければならないと自覚し出したことや、あくまでも一人の父親の立場から、二人の息子の学校生活を応援する中で、彼らの通っている学校の現実やそこでの日常の出来事が、単に身近であるのみならず、ときに極めて切実な問題に感じられるようになったこと、加えて転校や進学に際して色々と悩まされたこともまた、自分の内側で、そして身の上に生じた変化として、もちろんとても大きかった。

　とはいえ筆者は、当初のうちは、現代日本の教育についての文章を積

極的に書こうとまでは思っていなかった。その必要には迫られていなかったし、周囲の誰かに求められることもなかった。語る言葉や概念装置を持っていなかったし、そもそもそれらを獲得するための努力をしたかどうかさえ、実は全く心許ない。しかしショーペンハウアー（Arthur Schopenhauer）が、哲学の出発点と方法について論じる中で発した次の一節は（細谷貞雄訳『知性について 他四篇』岩波書店、1961年、p. 190.）、いつの頃からかは記憶が定かでないにせよ、決まって耳の奥で響いていたように思う。

　　自分でおこなった貴重な省察は、できるだけ早く書きとめておくべきである。これは、当然な心がけである。われわれは自分の体験でさえ時には忘れてしまうのであるから、まして自分が思索したことは、どれだけ忘れ去るかわからない。それに、思想というものは、われわれの望みどおりの時にやってくるものではなく、気まぐれに去来するものなのである。

体験や印象というのは、最初はどんなに強く、鮮やかで、生き生きとしていようとも、やがては希薄になったり、崩れたり、消失したりする。それらについて反省的に振り返り、思いや考えをめぐらせ、言葉や概念に託してつなぎとめておくことが大切である。そのための努力とその結果としてもたらされるものこそが、思想であり、哲学である。ショーペンハウアーが言いたかったことは、おそらくはこのようなことだろう。彼の箴言（しんげん）に感化された筆者は、同時期の我が国において急ピッチで進む教育改革、とりわけ教育方法（課程を含む）改革の動向を意識的に追跡し始め、ついには、その時々の自分の理解を論文にまとめ、ほぼ定期的に発表するようになった。そしてバラバラに放置されていた過去の文章群

からテーマに合うものを選び出し、一応のストーリーを考えて配置したものが、本書の第2章から第9章までである。なお第1章は、事典的な歴史叙述であり、一見して明らかに異色である。しかしそこで取り上げている9名のいずれもが、各時代に教授法改革論者として登場した人物であると考えられるため、本論部分の冒頭にあえて挿入した。

ところで筆者は、まだ大学院生だった若い時分から現在に至るまで、ドイツ精神科学的教育学派の代表者の一人であるノール（Herman Nohl）の著作を読み続けている。青少年福祉や社会的教育学の実践に深くかかわるとともに、理論形成の上では両極性の原理を強く意識していたノールは、次のように述べている（*Jugendwohlfahrt*: Sozialpädagogische Vorträge, Leipzig: Quelle & Meyer, 1921, S. IX.）。

> 私がすべての教育的生の弁証法に直面し、ときに断固として一つの側面に立つ場合、それは、全く意識的になされる。

ノールは、時代状況の特殊性や制約等によって軽視されてしまっている視点を一般的な問題意識の中に再びもたらそうとする意図に従って、思慮に欠ける人々からは、あまりにも一面的強調に過ぎると受け取られかねない主張をあえて行っていた。筆者は、こうした姿勢に賛同し、それを自らの行動規範、あるいは基調として受け入れている。

どこを出自とするにせよ、教育改革のメニューが次々と打ち出される状況それ自体は、基本的に歓迎すべきことである。関係する実践の活発化は間違いない。しかし何事も勢いよく、無条件に推進するべきだとまでは、さすがに思っていない。あらゆる提案について、創造的契機とみなして肯定的に評価するにしても、時世に対してひとまず反抗的に振る舞うこと、別の言い方をすれば、せめて文筆の上だけでも抵抗勢力とな

ることによって、議論のバランスを取り戻す。それこそが、教育学研究者本来の役割であり、批判的思考の産物が、まさしく理論であると筆者は信じる。

　偉そうなことを言ってはみたものの、本書がどれほどのことをなし得ているかについては、読者の判断に委ねる以外にない。改革の真っ只中にあって、大きく変貌を遂げつつある教育方法という対象に接近しようとするすべての人々、教育学を志す若い皆さんのために、本書がいささかでも役立つことができれば幸いである。

第1部

教育方法の基底

第 1 章

教育方法思想の形成
── 西洋教育史上の主要人物を取り上げて

1 ソクラテス (Socrates, B.C.470 / 469 - B.C.399) とプラトン (Platon, B.C.427 - B.C.347)

　教育という行為を対象化して、その根拠や方法を問うことをもって、教育学の始まりと呼ぶとすれば、それは、古代ギリシアにおける哲学の起源にまで遡及することができる。なぜならソクラテスとソフィストのやりとりを生き生きと描いたプラトンの対話篇のいくつかに、教育学的思惟の原型が見出され得るからである。実際に教育学（ペダゴジー）の語源は、ギリシア語のパイダゴーゴス（子どもに付き添って学校への送り迎えをした召使いの呼び名）に由来している。なおソフィストとは、「専門的知識（ソフィア）を持っている人」という意味で、アテナイを中心に、青年の教育を職業として活動していた人達のことである。彼らの教育の目的は、民主主義国家において、「説得」によって人々、社会、国家を動かすことができる人物を育成することであった。

　ソクラテスは、ギリシアのアテナイの哲学者、教育者である。彼はプロタゴラスやゴルギアスといったソフィストとの論争の過程で、人間にとって最も重要なことは、世俗的成功のための技術を所有することではなく、他者とのたゆまぬ対話の中に身をさらすことによって、自己の無

知を自覚し（「無知の知」）、問いを根源的に深め、俗見（ドクサ）にまみれている魂（プシュケー）を、感覚や欲望への隷属状態から解き放つのを怠らないこと（魂の世話）であると主張した。そしてソクラテスにあっては、真の知識を発見する哲学とその知識を伝える教育とは、一体不可分なものであると考えられていた。ソクラテスは1冊の著作も書き残さず、代わりに生きた言葉を交わすことを通じて、青年に自己の魂をよくすることへの自覚を促す努力をした。問答を通して自らの無知を自覚させられた人間は、魂をよくする正しい知を求めて思索する。この自己教育の過程をソクラテスは、フィロソフィア（知を愛し求める活動）と名づけ、これが今日の哲学（フィロソフィー）の語源となった。

　そして知のエロス的生産を助けるのが教育であり、その方法である問答法が「産婆（助産）術」と称される。これが、論理的な対話を通して真理に迫る方法としての弁証法の起源となる。ここには、対等者間でとり交わされる水平的言語を前提にしたポリスの論争的学問の特性が表れており、これが、話し言葉と論理性を重視する西欧の学問の伝統を作ったと言われる。

　青年に魂（アレテー）を教えたソクラテスは、「よく生きる」ことを身をもって示し、ペロポネソス戦争でスパルタに敗れた後の混乱の中で裁かれ、脱獄も可能であったが、遵法の徳を実践して毒杯を仰いだ。ソクラテスは、自らの死をもってまで、アテナイ市民の道徳意識の変革を望んだのである。

　ソクラテスの教えとその崇高な死から深い感銘を受け、師の教えを継承・発展させて多くの対話篇を書いたのが、弟子のプラトンである。その中で、個人の正しい生き方と国家社会の正しいあり方を一体にして論じた代表的な対話篇が、『国家』である。そこでは人間の魂は、欲望と気概と理性の三つの要素から成り、生まれつきそのどれが優位を占めるかに

よって、三つの階級に分かれると考えられている。理性階級が気概階級である防衛者に助けられて、欲望階級である生産者を統治するのが、「正義」の国家であり、この階級区分に応じた義務を果たすことが、個人の正しい生き方であり、幸福である。そしてそれぞれの素質を持つ人間を発見して、選り分けて訓練するのが、教育の仕事とされたのである。理性階級は、変化する感性の世界を超越した絶対的真理である「イデア」の認識を学んだ後に、統治に携わる。この認識論と民主制を否定した少数者支配の社会構成論とは対応しており、それが、哲人君主制である。プラトンの教育思想は、例えば自由学芸（三学四科、リベラル・アーツ）という形で継承された自由教育（リベラル・エデュケーション）の具体的カリキュラムの典型として、あるいは国家主義的教育思想の原型としてみなされる。

　アテナイ有数の名家の子として生まれたプラトンは、学塾「アカデメイア」の創設者としても知られる。晩年のプラトンは、シケリアに「哲学王」の理想実現をかけて二度にわたって旅行したが、彼を招いたディオンが追放されるなどしたために成功しなかった。80歳で、『法律』を「書きながら死んだ」と言われている。

II　コメニウス（Johann Amos Comenius, 1592-1670）

　チェコの宗教改革者、教育思想家、教授学者。チェコ語では、彼自身がつけたと言われるコメンスキーという名になるが、それをラテン語で読み替えたコメニウスという呼び方が、教育学上の慣用となっている。近代の教育学の出発を画する人物であり、とりわけ教授学の祖と言われる。当時オーストリアのハプスブルク家の支配下にあったモラヴィアに製粉業者の子として生まれ、郷土の学校とドイツのヘルボルンの大学で

学業を終えた後、所属していたフス派の宗教改革運動の系譜を引くボヘミア同胞教団の牧師となる。三十年戦争の動乱の中でコメニウスは、ポーランドやイギリスをはじめ、ヨーロッパ各地を転々として過ごすことを余儀なくされ、再び祖国の土を踏むことは叶わず、その生涯は、亡命と流浪に終始したものであった。

亡命の地にあってコメニウスは、祖国の独立、民族の解放、同胞教団の復活の可能性を信じて、ギムナジウムの教師をしながら著述活動に専念した。その過程でコメニウスは、子どもとその教育可能性への着目と伝統的な共同体秩序が、それ自体ではもはや次世代に対して生活様式を提示し得なくなった現状を踏まえて、教育による人間の再形成への関心を一層強く喚起されるようになる。コメニウスは、教育による普遍的知識の普及を強く希求し、やがて彼の第一義的な学的関心は、必然的に、普遍妥当的な教授技術の問題へと収束していく。そして子どもや青少年を組織的に、また効果的に教育することが必須であるとして、学校教育の整備と人間の「自然」、すなわち発達のすじみちに合致した合理的な教育方法の確立をめざした研究を進め、その歩みが、不朽の名著『大教授学』にまとめられている。

これ以外の代表作としては、『世界図絵』（1658 年）、『開かれた言語の扉』、『汎知学校の輪郭』、『遊戯学校』等がある。このうち『世界図絵』は、事物や事象を描画をもって視覚に訴え、認識をより実感のあるものにした世界最初の絵入り教科書として知られている。歴史的に見れば、教科書は古代より存在し、聖書、四書五経、ヴェーダのような教典は、その典型であるが、『世界図絵』は、一定の順序に教材が配列・組織され、さらに視覚表象と結合されることによって、近代的教科書の原型となったものである。

コメニウスの教育思想の中心を成す『大教授学』は、1632 年にチェコ

語版として、続いて1639年にラテン語版として完成していたものの、未完のままであった『教授学』が、1657年になってはじめて、『大教授学』というタイトルで『コメニウス教授学全集』に収められて、ようやく刊行されたという経緯を持っている。『大教授学』は、長大な序論と全33章とから構成されているが、実質的な本論部分は31章までであると考えてよい。それは、最初に教育の目的と内容を論じ（1～6章）、次に学校教育の必要性（7～10章）、学校の不完全極まる現場の批判とその改革の可能性を論じ（11～12章）、新しい教授技術の確立の必要性とその一般原理を述べ（13～19章）、さらに進んで科学、技術、言語の各分野の特殊技術について論じ（20～26章）、最後に学校制度論と各級学校の組織管理論が取り扱われる（27～31章）という大筋になっている。そのタイトルページには、「あらゆる人に　あらゆる事柄を教授する　普遍的な技法を　提示する　大教授学」とあり、この著作の執筆意図が、万人就学の普通教育制度の確立と、そこで教えられるべき新しい教育内容及びそこで用いられるべき科学的な教育方法の提示にあることを明らかにしている。

　コメニウスの人間観は来世主義であり、来世への準備としての現世の教育を説いたのであるが、その教育内容は、知が徳に、徳が信仰に移行するという前提に立って考えられており、したがって教育方法も、正確な体系的知識の合理的・能率的な伝達技術としてとらえられている。コメニウスが、学校を「人間製作場」、教授技術を「教刷術」として考えているところにも、この傾向は明確に示されている。コメニウスの学校教育構想が、いわゆる教師主導型の一斉教授を前提としていることは、当然のことであり、それが当時の教育に対する最も先駆的な要請であった。コメニウスは、階級差別のない単線型学校制度において、このような教授理論に依拠しながら、同一の言語によって、自然、社会、人間等

の全事物界に関する総体的知識体系である「汎知学」(パンソフィア)をキリスト教国のすべての男女に対して普及し、人間の現実的な解放を達成しようとしたのである。

III ロック (John Locke, 1632-1704)

イギリス経験論哲学の代表者、名誉革命のイデオローグ。自然権思想による人民主義、市民的自由、社会契約説等、今日にも通底する近代社会の基本原理の提唱者であり、また合理的・現実的にして、個人主義的な教育を論じ、近代教育論の原型と言われるものを提示した人物でもある。

サマーセットの小村で弁護士を営む厳格なピューリタンで、小地主でもあった家の子として生まれる。ウェストミンスター文法学校からオックスフォード大学に進み、聖職者への道を志したが、経歴上の理由により、その道は断たれる。また哲学と医学を学んだが、当時の大学を支配していたアリストテレス哲学には、必ずしもなじめなかったようである。当時のイギリスは、ピューリタン革命の動乱期にあり、クロムウェルの共和制から、その死後の王政復古、そして名誉革命へと向かう大きな変動の時期であった。ロックは、絶対主義的な王権に対してだけではなく、宗教的熱狂や不寛容に対しても厳しい批判の態度を持つに至る。しかしオランダ逃亡から帰国した1689年以降は、名誉革命後に成立した新体制の理論的指導者として活躍し、例えば立憲君主制の国家の植民地政策の立案に携わったり、また1697年には『貧民子弟のための労働学校案』を書くことによって、4〜14歳の貧民階級の子弟を収容する義務・無償の労働学校の設立を提案したりしている。

ロックの主著としては、1690年の、ほぼ同時期に刊行された『人間知

性論』と『市民政府論』(『政府二論』) の二つが挙げられる。前者では、人間の知識は、すべて外界から与えられる感覚と、それらを受け入れ比較する内的な反省との二つによって得られるとして、経験に先立つ一切の生得的観念が否定されており、後者では、生命と財産の保全を中核とする個人の自己保存の欲求が出発点とされ、あくまでもそれを保護するものとして、政治国家のあり方が追究されている。さらにそれらの内容を踏まえて、1693 年に『教育に関する若干の考察』が、最初は匿名で刊行されている。

「健全な身体に宿る健全な精神」という有名な言葉 (もともとは、ローマの風刺作家ユウェナリウスの言葉である) で始まるロックの教育学的主著『教育に関する若干の考察』は、友人に家庭教育について忠告する私的書簡というエッセイの形式をとりながらも、その域にとどまることなく、「若きジェントルマンの教育に関する一般的方法」を展開したものであり、名誉革命によって成立したブルジョア市民社会の担い手である中産階級に対して、新しい社会では身分や血統ではなく、教育による人間形成こそが必要であって、それは、教育の技術によって容易に可能となるということを示そうとしたものである。そこでは健康管理や躾から海外旅行のことまで、子どもの日常の問題が平易に説かれているが、中心的な主題ということであれば、それは、身体と精神の教育、家庭における幼児教育の原則、親子関係、訓育の問題、訓育の方法論、家庭教師論、性格形成の一般的意義、知育、カリキュラム等であり、また全 24 章 216 節のうちの多くが、体育と徳育について論じている箇所である。

ロックの教育思想は、「白紙」(タブラ・ラサ) とみなされる人間の心に経験を通して観念が刻印されるという経験論的認識論に対応して、経験を通しての「習慣」(ハビトゥス) の形成、さらには徳 (エートス) の形成をめざすものであったと言うことができる。厳しい訓練主義を否定

し、説得や話し合いに基づいて習慣の内面化を図るというロックの教育方法は、当然のことながら、子どもの自然的性向を重視するものであった。さらにロックは、ジェントルマンの教育理想は、学問的知識の詰め込みによってではなく、よき躾によってこそ実現され得ると主張している。そうしたロックの観点からすれば、雑多な階層の子どもが混じり合う学校教育の実情は、あまりにも劣悪なものであった。そこでロックによって、語学の偏重と非合理的な教育方法、そして無秩序な生徒管理の故に、学校が厳しく告発され、それに対して社会から隔離された家族の下でのプライベートな教育が、理想的なあり方として対置されることになる。このようなロックの教育思想は、複線型学校制度を浸透させつつあった当時のイギリス社会の趨勢を承認するものであり、また同時代の教育現実に対する批判から出発するが故に、教育を通して理想の将来を志向するものである。

IV　ルソー（Jean-Jacques Rousseau, 1712-1778）

　フランス啓蒙期の天才的思想家、教育思想家。ジュネーブの時計師の子として生まれるも、少年時代に孤独の身となり、徒弟奉公も半ばで逃亡、その後フランス各地を放浪・遍歴する。再び祖国に戻って住むことはなかったが、プロテスタントの信仰が厚い自由な共和国の参政権を持つ市民であったという誇りと自負は、終生ルソーの思想に深い影響を与え続けていたようで、彼は自分の作品に、いつも「ジュネーブの市民ジャン＝ジャック・ルソー」と署名していた。正規の学校教育はほとんど受けておらず、独学こそが自分に最も適した学習形態であったと自ら語っている。30歳のときにパリに出て、やがてディドロ、ヴォルテール、ダランベールら百科全書派の哲学者達と親交を持ち、38歳のとき、ディジョン

のアカデミーの懸賞論文に応募した『学問芸術論』が認められ、一気に文名を上げる。その後、『人間不平等起源論』、『政治経済論』、『新エロイーズ』、『社会契約論』、『ポーランド統治論』、『告白』、『孤独な散歩者の夢想』（未完）等を次々と著す。

ルソーの思想は、人々の間の極端な不平等の拡大という社会制度の不合理や宗教的狂信を批判し、人間理性に訴えるという点では、当時の啓蒙思想家と一致していたが、その社会・文明批判はより根源的であり、またその宗教観は、理神論や無神論より自然宗教に近く、理性の万能を説くよりは、むしろ理性を導く内面的感情、すなわち良心の原理を強調したものであった。その思想は、政治、文学、教育等、様々な領域に大きな影響を与えており、このうち教育及び教育学との関連では、1762年に教養小説という体裁で著された教育論『エミール』こそが、最も注目に値する著作である。

『エミール』は、エミールが誕生してからソフィーと結婚するまでの教育の過程を描いており、全5編によって構成されている。各編の主題は、第1編が純粋に感覚の段階にある子どもの心身の自由な活動の確保、第2編が感官の訓練としっかりとした感覚を基礎とした感覚的理性の形成、第3編が感覚的理性を基礎とした知的理性の形成の準備、第4編が他者との道徳的関係や友情を通じた知的理性の形成、第5編が恋愛や同胞との公民的関係を通じた知的理性の形成である。その展開は、子どもの知的発達段階の推移に対応しており、第1編は感覚の段階を、第2編は感覚の段階から感覚的理性の段階への移行を、第3編は感覚的理性の段階の完成を、第4編と第5編は感覚的理性の段階から知的理性の段階への移行を扱っており、各々の発達段階の充実が、次の段階の確かな準備になるという立場が貫かれている。

ルソーは、危機的な時代状況の中で、迫り来る革命を予感しながら『エ

ミール』を書き、それによって後世の人々から「子どもの発見者」と呼ばれるようになる。だが「子どもの発見」は、16世紀以降にブルジョア家族の中で次第に芽生えてきた家族感情と教育関心の所産であって、特定の思想家の発見に帰せられるような現象ではない。むしろ『エミール』の意義は、ルソーが、子どもの発達という自然の目標を絶対的な基準として、いかなる教育方法もそれに合致させられなければならないと主張したことに求められる。「万物をつくる者の手をはなれるときすべてはよいものであるが、人間の手にうつるとすべてが悪くなる」という有名な冒頭の言葉から明らかなように、『エミール』においてルソーは、人間の自然的本性を善とみなし、既存の社会制度によってそれが悪へと変質させられることを防ぐ教育、すなわち積極的に外在的価値を注入する一般の教育と対置させて、彼が「消極教育」と呼ぶ合自然的な教育方法原理を提示している。またこれは、子どもの自由な活動、興味、自発性の尊重の原理であると同時に、既存の社会秩序から子どもを完全に隔離し、人為的な教育環境の中に置くべきであるとする、子どもの封じ込めの原理であるとも解釈され得る。

　さらにルソーには、彼が子どもの絶対的な自由を主張したと受けとられたために忘れ去られた、もう一つの側面がある。それは、教育と国家の関係である。ルソーの国家論は、超越的権力を持つ支配者に頼ることのない、完全に平等な社会の形成を構想したものであって、それが可能となるのは、すべての成員が一般意志の命じるところに率先して従う強靭な倫理的主体である場合に限られる。『エミール』の課題は、そうした国家が呼びかけを行える正しい主体を形成することであった。エミールが、自然の法則の指し示す必然性の束縛に従うことを学ばなければならなかったのは、それが、一般意志の支配する正義の国家で生きるために求められる資質だったからである。

Ⅴ　ペスタロッチ（Johann Heinrich Pestalozzi, 1746-1827）

　スイスの教育家。18世紀後半から19世紀初頭にかけての近代社会成立期に、近代の教育思想と学校における初等教育の基盤を築いた教育思想家、教育実践家。貧農の子ども達の教育に尽力し、その教育実践から導き出された理論と方法は、フィヒテの『ドイツ国民に告ぐ』（1807〜08年）以来、近現代教育史上に多くの刺激を与えた。「生まれながらの教育者」、「人類の教師」と呼ばれ、愛と信仰に基づくその教育的態度は、教師像の一つのモデルとなっている。

　チューリッヒに外科医の子として生まれた後、母親の手によって育てられる。青年時代に、フランス啓蒙主義、とりわけルソーの影響を強く受け、学生運動に積極的に取り組む中で、民衆の人間的救済を本格的に決意するに至る。投獄された経験と友人の忠告から、官職に就くことを断念したペスタロッチは、1768年からノイホーフで貧民学校を経営し始めるが、数年で失敗。そこでの活動と経験は、『隠者の夕暮』（1780年）、『リーンハルトとゲルトルート』（1781〜87年）、『スイス週報』、『立法と嬰児殺し』等に結実する。1789年に勃発したフランス革命とその後の戦乱によって生じた孤児達を収容する施設が、1798年にシュタンツに建設されることになり、ペスタロッチは、その仕事を委ねられる。そこでのわずか半年間で終わった実践の記録は、『シュタンツ便り』（1799年）として残されている。

　こうした悪条件の中での苦しい教育経験を経てペスタロッチは、諸思想を「居間」ではなく学校での教育という観点から統合した上で、貧民の子ども達に対する教育の可能性を「直観」（最も一般的には、対象を直接に把握する作用を意味する）の原理に見出した。かつてコメニウスが、直観から概念への道を人間の持つ理性的能力を前提にして楽観的に説い

ていたのに対して、理性どころか感性をさえもすり減らした子ども達の教育のためには、直観を選択し、順序づける「技術」、すなわち数・形・語（直観のABC）を基礎とする教授法である「メトーデ」が必要であるとペスタロッチは考えた。そうした思索と試みは、ブルクドルフの学校で確かめられ、『ゲルトルートはいかにその子を教えるか』（1801年）にまとめられている。その後ペスタロッチの教育経験は、ミュンヘンブーフゼーとイヴェルドンで展開され、高い評判を得るが、「基礎陶冶の理念」をめぐる教師間の紛争もあって、経営的には成功しなかった。教育学的遺言『白鳥の歌』（1826年）と『我が生涯の運命』を著して、その生涯と事業を自伝的に回想し、また前者の中で、「生活が陶冶する」という命題とともに、人間の知・徳・体の諸能力の調和的発達の基本は、家庭及び万人就学の小学校での基礎陶冶にあると語った後、ブルックで、その生涯を閉じている。

　ペスタロッチの一連の著作の内容は、家庭の幸福の源泉としての愛という心情的関係の重要性を主張していた点において共通している。しかし「玉座の上にあっても木の葉の屋根の蔭に住まっても同じ人間、その本質から見た人間、そも彼は何であるか」という有名な言葉で始まる格言集『隠者の夕暮』においては、神と子、家庭における父と子、そして国家における君主と臣民の調和的関係を基盤とする思想が、理想主義的に総合されて展開されているのに対して、『リーンハルトとゲルトルート』と『ゲルトルートはいかにその子を教えるか』においては、母と子の関係がすべての教育の基点とされており、ここに相違点を見出すことができる。

　ルソーの強い影響の下でペスタロッチが教育学にもたらした最重要事項の一つは、教授方法の革新である。ペスタロッチにとって教授方法とは、子どもの内的諸力の発達を指し示す自然に対して、それを援助する

ために介入する技術と考えられている。そして曖昧な直観から明晰な概念へと高まる認識の普遍的法則に教授形式を従わせるという直観教授の原理が、教育内容を基礎的段階から一歩ずつ連続的な発展として構成する近代的な授業編成に理論的根拠を与えたのである。

さらにペスタロッチの思想的影響の広がりには、もう一つの要因があった。それは、いわゆる「教育愛」である。シュタンツの孤児院における挫折体験は、ペスタロッチに、いかなる教育方法も、それだけでは成果が上がらないことを教えた。子どもの内面を鼓舞する教育は、教師と子どもの関係が、家族のような信愛の情に基づき、しかもそれが、道徳的である場合に限られるとペスタロッチは考える。そしてこのことが、教育学において理論と実践の問題に、教師の人間としての生き方が問われるという、他の諸学問には見られないスタイルが持ち込まれるきっかけとなったのである。

Ⅵ ヘルバルト（Johann Friedrich Herbart, 1776-1841）

ドイツの哲学者、心理学者、教育学者。目的論及び方法論の全体的視野において体系的な教育学と教授理論を構築したことは、近代教育学史上に残るヘルバルトの功績である。ヘルバルトの学説は、例えば「教授段階」や「教育的教授」（教育は教授によってのみ行われ得るし、逆に教育しない、いかなる教授もまた存在すべきではないという考え）によって代表されるが、このうち教授段階説は、シュトイ、ツィラー、ラインらによって継承され、19世紀後半のドイツをはじめとするヨーロッパはもちろんのこと、アメリカや日本の授業実践と教育学理論形成にまで大きな影響を及ぼした。

ドイツ北部のオルデンブルクに法律顧問官の子として生まれる。ギム

ナジウム時代よりカントに傾倒し、イエナ大学ではフィヒテの教えを受けて哲学を学ぶが、次第に、その非合理的・主観的傾向に対して批判的になる。1797年から1799年までスイスのベルンのシュタイガー家で家庭教師となり、その教育実践体験を契機として、教育学の道を歩み出す。1799年にはブルクドルフにペスタロッチを訪ね、強い刺激を受ける。特にその直観理論の分析によって、直観の陶冶可能性の根拠を手に入れ、そこに自らの教育学を基礎づけた。

　ヘルバルトの教育学研究は、ゲッティンゲン大学で教授資格を取得し、教育学を講じたことから始まる（『最初の教育学講義』）。1802年に『ペスタロッチの直観のABCの理念』を、1804年に『教育の主要任務としての世界の美的表現について』を著し、そしていよいよ1806年には、『一般実践哲学』と『形而上学の主要点』とともに初期主要三部作の一つであり、教師向け手引き書としての性格を持つ『教育の目的から演繹された一般教育学』、通称『一般教育学』を著している。『一般教育学』においてヘルバルトは、教育学の実践的科学としてのあり方を最初に提起したのであり、同書は、科学としての教育学の成立の書として定評がある。ケーニヒスベルク大学に移ってカントの講座を引き継いでからは、教育学ゼミナールを大学に新設したり、教員養成のための教育実習校を開設したりと、大学改革にも取り組んだ。ゲッティンゲン大学に復帰後は、1835年に『教育学講義綱要』を著し、自らの教育学を集大成する。ヘルバルトは、元来非社交的・非政治的な性格の持ち主で、終生講壇教育学者であり続けた。そのため1837年に誓約を拒んだ教授達が追放された、いわゆる「七教授事件」が起きた際にも、決して争いを好まず、グリム兄弟や同僚、市民、学生らとともに抗議行動をすることはなかった。

　ヘルバルトは、教育学を実践的科学として最初に基礎づけた人物であると言われる。それは、哲学を人間の教育可能性を軸に再構成する試み

であり、そのために教育学は、教育の目的を考察するだけではなく、その実現に当たっての方法的手続きを示さなければならないとされる。それ故にヘルバルトの教育学体系は、教育目的を考察する倫理学と、子どもの発達及び教育方法に関する知見を与える心理学とから構成されることになる。

　ヘルバルトにおいて教育の目的は、道徳的・美的判断力とその前提となる「多方興味」の陶冶（一般陶冶）であり、そのための方法としては「教授」が、さらにはそれを支えるものとしては「管理」と「訓練」の二つがあった。さらにヘルバルト教育学は、目的と手段の間の統一的な関連づけを図るだけではなく、教師のための教育技術を媒介にして、理論と実践の統合をめざしていた。そして実践に対して開かれた学問という構想は、ヘルバルトに、哲学や科学に見られるような体系としての統一性を教育学に求めることを断念させ、むしろそれに固有な視点の確立に向かわせたのである。

　教授段階説について言えば、ヘルバルトは、子どもが認識に至る段階を専心（学習者が一定の対象に没入して、他の対象を意識の外に排除している状態）と致思（専心によって得られた表象を相互に関連づけ、体系化されたものにすること）に区別した。さらにこの各々を、静的専心（＝明瞭：あるものの中に入り込むこと）－動的専心（＝連合：他のものの中に入り込み、表象を連合させること）－静的致思（＝系統：関係づけて、体系的にすること）－動的致思（＝方法：応用、あるいは活用すること）の四段階として示した。しかしこの四段階は、例えばツィラーによって、分析－総合－連合－系統－方法の五段階に分けられ、さらにラインによって、いわば教師の教材提示の時間的順序として、予備－提示－比較－概括－応用の五段階に変形され、極めて形式的に理解されて、教育現場に適用されていった。ヘルバルト教育学は、新教育運動の中で批判され、一時的に

力を失ったが、最近では、例えば彼の「教育的タクト」概念について、新たな観点から研究関心が高まってきている。

Ⅶ　フレーベル（Friedrich Wilhelm August Fröbel, 1782-1852）

　ドイツの教育思想家、教育実践家。その名前は、何より「幼稚園」（キンダーガルテン、子どもの庭）の創始者として知られる。「遊び」（遊戯）と形成衝動の教育学的重要性、子どもの「自己活動と自発性」の尊重、児童中心主義等、フレーベルの教育思想は、例えばモンテッソーリ・メソッドとともに、幼児教育学と幼児教育実践の基礎理論として、今日でもしばしば参照されている。

　チューリンゲンにルター派の牧師の子として生まれる。フレーベルの幼少期は、母性の喪失と放任、自然への愛、キリスト教によって刻印づけられる。1799 年にイエナ大学に入学し、自然諸科学、建築学、測量術等を学ぶも定職に就けず、自己に適した職業の探求のために徒弟と遍歴の時期を過ごす。1805 年にペスタロッチの教育原理に従って運営されているフランクフルトの模範学校に職を見出し、以後教育の道へと進み、ルソーやペスタロッチの継承をめざす。1806 年にイヴェルドンのペスタロッチを訪れ、ホルツハウゼン夫人から、子どもの家庭教師を依頼される。1808 年から 1810 年までイヴェルドンに暮らし、預かった子どもに最善の教育を与えるべく努力し、ペスタロッチの基礎的メトーデのさらなる訓練を行う。

　その後、甥の教育を引き受け、1816 年に私立学校「一般ドイツ教育舎」をグリースハイムに開設、翌年からはカイルハウに学園を移して本格的な教育活動を始める。そこでは、家庭的雰囲気の中で授業がなされ、一人ひとりの生徒は、それぞれの「作業」を通して全体に奉仕することを

求められた。しかし中・上流家庭の子弟を、寄宿学校の中での共同生活で国民意識を持つ子どもに育成しようとするフレーベルの意図は、1820年代に入って、親達の反撃にあって頓挫する。そして「国民教育施設」という累積的統合学校の構想と挫折を経た後、スイス各地で自由主義的な教育活動に協力した。1836年にドイツに戻り、「幼児と青少年期の作業衝動を育成するための施設」を経営しながら、「神から子どもの発達のために与えられた」という意味の幼児教育用遊具「恩物」を考案する。恩物は、自己創造的な構成衝動を満喫させながら、豊かな創造性や表現力を発揮させる素材として、さらには美的な、あるいは知的な能力を発達させる材料として考案されたもので、種類としては、立体状のもの、平面状のもの、線状のもの、点状のものの四つがあり、球、積み木、板、紙、棒、その他を含む万物の基本形態と多様な変化、調和、統一を幼児が楽しむことができるようになっている。

1840年にフレーベルは、歴史上最初の幼稚園「一般ドイツ幼稚園」を開設する。しかし1851年にフレーベルの象徴的・神秘的思想と幼稚園は、無神論の社会主義の一環であるとの理由で、プロイセン政府によって禁止された。禁令解除前にフレーベルは死んだが、就学前教育施設としての幼稚園の設立運動とフレーベルの教育思想は、以後世界的に普及し、19世紀後半のドイツ・フレーベル運動やデューイ、パーカー、キルパトリックらを中心とするアメリカ進歩主義教育運動をはじめ、主として新教育運動の担い手達に大きな影響を与えた。

代表的な著作としては、主著『人間の教育』(1826年)と母親のための幼児教育の手引き書『母の歌と愛撫の歌』(1844年)の二つがある。フレーベルの教育思想は、ドイツの国民的統一をめざす19世紀前半の国民教育論の一つであると考えられるが、『人間の教育』では、もはや「国民」の教育という意識は薄らぎ、「人間」の教育という見地が前面に出

てきている。また『人間の教育』においてフレーベルは、神が宇宙の本質・統一の中心であり、神によって万物は生かされているという確信を前提にして、「生命の合一」を中心概念とする万物を貫く永遠の法則「球体の法則」を、世界観から教育の哲学として再編成するとともに、乳児期から幼児期を経て少年期へと至る教育内容と、授業における知識教授の過程の概要を提示している。

　フレーベルの基本的な姿勢は、善なる子どもの内側からの発達と本能的・内発的な自発的活動を最大限尊重するというものである。すべての人間には、神性が宿っているが故に、「絶えず先へ先へと生成し続けるもの、発達し続けるもの」としての本性が備わっており、そのような神の似姿（完成）への接近過程は、成人よりも少年に、少年よりも幼児に一層顕著に認められる。フレーベルによれば、幼児は、発達し続けるものである限りにおいて、人類の一員として尊重されるべきなのである。

VIII　デューイ（John Dewey, 1859-1952）

　19世紀末から特に20世紀のアメリカを代表する哲学者、教育思想家。「プラグマティズム」（実用主義）哲学の創始者の一人として、心理学における機能主義学派のリーダーとして、また進歩主義教育運動の理論的指導者として知られる。

　ヴァーモント州バーリントンに商店主の子として生まれる。ヴァーモント大学を卒業後、ハイスクールの教師を経てから、ジョンズ・ホプキンス大学に進学し、パースの論理学やホールの心理学よりも、モリスの新ヘーゲル主義に影響を受け、哲学者としての思想形成の道を歩み始める。1884年にミシガン大学の講師に就任。ジェームズやミードの影響でヘーゲル哲学から脱したデューイは、ミシガン時代の著作活動と社会実

践を通して、哲学理論は、大衆の生活経験から出発し、それを導くものであり、観念の正しさは、それを現実的・実際的状況の中で用いて生じた結果によって検証されるべきものであるという「道具主義」、「実験主義」の着想を得る。

　1894年に新設間もないシカゴ大学の教授となり、1896年からは、自らの教育学理論を検証する実験室として、「実験学校」（デューイ・スクール）を開設する。その実践報告『学校と社会』（1899年）には、学校教育は、そのカリキュラムに「作業」（仕事）を取り入れることによって、家庭や社会における子どもの日常生活を中心に組織し直されなければならないという主張と、学校は社会進歩の担い手であるべきだという年来の主張とが交錯している。『学校と社会』は、アメリカのみならず、全世界の新教育運動に大きな影響を与えた。またシカゴ学派の指導者として、進化論を思想的基盤とした典型的なアメリカ的思考様式であるプラグマティズムを大成した。

　1904年にコロンビア大学に転出し、1930年に退職するまで、哲学科主任教授を務めた。第一次世界大戦後は、進歩主義教育協会のリーダーとして、共産主義とは一線を画しつつ、アメリカ教育界の民主主義を擁護した。その学的関心は極めて広範囲に及んでおり、教育と教育学に関連する主要著作だけに限定してみても、『子どもとカリキュラム』（1902年）、『思考の方法』（1910年）、『民主主義と教育』（1916年）、『人間性と行為』（1922年）、『経験と自然』（1925年）、『確実性の探求』（1929年）、『経験としての芸術』（1934年）、『論理学――探究の理論』（1939年）、『経験と教育』（1939年）等がある。

　このうち『民主主義と教育』は、デューイの教育学的主著とでも言うべきものであり、同書の「序」の冒頭にあるデューイの言葉を借りるならば、それは、「民主的社会にこめられている諸理念を見出し、明示し、

それらを教育という事業の諸問題に応用しようとした一つの努力の表明である」。『民主主義と教育』は、全26章によって構成されており、最初に社会生活と学校生活との関連について論じ（1～3章）、次に教育のあり方（4～6章）、民主的な社会生活と教育の目的について論じ（7～9章）、それから教育の方法について述べ（10～23章）、最後に教育の基底における哲学的な問題が取り扱われる（24～26章）という大筋になっている。さらにデューイは、社会的・政治的な問題にもアクチュアルな関心を寄せ、職業教育、移民問題、社会改造主義、第一次世界大戦、スターリニズム、ニューディール等、数多くの同時代的諸問題に対して発言した。

　デューイの教育思想の最も特徴的な主張は、教育を人間のライフ、すなわち生物が、環境からの影響を受けると同時に、逆に環境にはたらきかけ返して、それを自己に再適合させることによって、自らを更新していくという連続的な「成長」のプロセス、と一体化してとらえるところにある。デューイによれば、成長とは、人間の活動力と環境の間の相互作用である「経験」を絶え間なく再構成していくことであり、そして教育は、思考の喚起による「経験の改造」、さらには「社会生活の更新」という文脈の中でとらえられることになる。経験の改造とともに行われる個人の成長が、社会集団の連続的な改造と不可分のものとしてとらえられているのである。

引用・参考文献

プラトン著、藤沢令夫訳『国家（上・下）』岩波書店、1979年
プラトン著、藤沢令夫訳『メノン』岩波書店、1979年
村井実『ソクラテスの思想と教育』玉川大学出版部、1972年

第1章 教育方法思想の形成

R・L・ネトゥルシップ著、岩本光悦訳『プラトンの教育論』法律文化社、1981年
コメニュウス著、鈴木秀勇訳『大教授学（1・2）』明治図書出版、1962年
藤田輝夫編著『コメニウスの教育思想――迷宮から楽園へ』法律文化社、1992年
ロック著、服部知文訳『教育に関する考察』岩波書店、1967年
春山浩司・三笠乙彦・斎藤新治『ロック教育論』有斐閣、1979年
ルソー著、今野一雄訳『エミール（上・中・下）』岩波書店、1962・63・64年
梅根悟『ルソー「エミール」入門』明治図書出版、1971年
ペスタロッチー著、長田新訳『隠者の夕暮　シュタンツだより』岩波書店、1943年
村井実『ペスタロッチーとその時代』玉川大学出版部、1986年
ヘルバルト著、三枝孝弘訳『一般教育学』明治図書出版、1960年
高久清吉『ヘルバルトとその時代』玉川大学出版部、1984年
フレーベル著、荒井武訳『人間の教育（上・下）』岩波書店、1964年
倉岡正雄『フレーベル教育学概説』建帛社、1982年
デューイ著、宮原誠一訳『学校と社会』岩波書店、1957年
デューイ著、松野安男訳『民主主義と教育（上・下）』岩波書店、1975年
森田尚人『デューイ教育思想の形成』新曜社、1986年
　　　　　　　　　　　　　　　　（取り上げた人物別に、順番に従って）

教育思想史学会編『教育思想事典』勁草書房、2000年
長尾十三二『西洋教育史（第2版）』東京大学出版会、1991年
宮澤康人編著『近代の教育思想』放送大学教育振興会、1992年
　　　　　　　　　　　　　　　　　　　　（全体にかかわって）

第 2 章

体験学習批判の視点
—— "Erfahrung" との相違に見る "Erlebnis" の独自性

I　研究の目的と方法

　ドイツ語では、"erleben"（体験する）という語に対して、"Erlebnis"（体験）という語は、ずっと歴史の浅いものであり、それがかなり普及してきたのは、おおよそ19世紀の後半になってからであると言われる。ガダマー（Hans-Georg Gadamer）の『真理と方法』（*Wahrheit und Methode*）によれば、「"Erlebnis" という語が、ドイツ語の文献の中に出現する事例を調べてみると、"erleben" という語の場合と違って、19世紀も70年代になって、ようやく普通に用いられるようになったという、驚くべき結果が得られる。18世紀においては、"Erlebnis" という語は、まだ全く現れておらず、シラーやゲーテも、この語を用いていない」。「最も早い例」は、「ヘーゲルの書簡」において認められる。「しかし、これまで私［ガダマー——引用者注］の知るところ、1830年代及び40年代になってもなお、ごくわずかな使用例が散見されるだけである（中略）。50年代、60年代にあっても、"Erlebnis" という語は、ほとんど見られないが、70年代になると、突然頻繁に現れるようになる」[1]。

　「この "Erlebnis" という語に概念としての機能を最初に与えたのは、ディルタイにほかならなかった」[2]。生の哲学が一般的な思想潮流となる

につれて、また 1906 年にディルタイ（Wilhelm Dilthey）が、この語を自著（文芸批評書）[3] のタイトルの一部として用いたことを契機として、「この語は、ほどなく流行語となり、実に明快な価値概念を表すものとまでされて、ヨーロッパの多くの言語に外来語として取り入れられたほどである」[4]。

教育学における "Erlebnis" 概念の導入もまた、ディルタイをもって嚆矢とし、その基本思想を継承する一群の人々によって本格化する。1933年刊行の『労作教育論』（ただし筆者は、この「旧版」ではなく、1977年刊行の「新版」を参照した）[5] において梅根悟は、次のように述べている[6]。

> 教育学上に体験の概念を最も明瞭に取り入れたのは言うまでもなくディルタイの流れをくむシュプランガーおよび彼を中心とするいわゆる文化教育学派である。

我が国においても、大正末期に渡部政盛の『ディルタイ派の哲学とその教育学説』[7] と入沢宗寿の『ディルタイ派の文化教育学説』[8] が刊行されており、また同時期から昭和初期にかけて、千葉県大原小学校（井上嘉七校長）と神奈川県田島小学校（山崎博校長）が、それぞれ渡部と入沢による指導の下、ディルタイ流の体験（主義）教育実践を展開している。しかし『労作教育論』において梅根は、次のように述べている[9]。

> この学派の思想にひきいられ、暗示されて近来体験教育学、体験教育体験学校などの語が盛んに用いられ、わが国においてもこういう旗幟を掲げるものが少なくない。しかしいわゆる体験学校なるものは必ずしも体験という概念を教育学的に深く考究して、体験を根本原理として一切の教育を律しようとするものではなく、むしろ漠

然と新教育一般の代名詞として流行の体験という語を流用している観がある。

　すなわち梅根は、1933年当時（「近来」）の状況として、「体験という概念を教育学的に深く考究」する努力が、「必ずしも」十分には行われておらず、「むしろ漠然と（中略）流行の体験という語を流用している観がある」ことを批判している。

　梅根の言葉は、時代特殊的なものであり、また特定の人物、あるいは学派の思想の我が国への移入のあり方を問題視したものである。ただしその言わんとすることは、1977年の時点においても[10]、そしてさらに時を大きく隔てた現時点においても、大筋で当てはまるのではないか。なぜなら1977年版小学校学習指導要領は、「体験的な学習」、「体験的な活動」、「勤労にかかわる体験的学習」を重視しようとした教育課程審議会の意向を受けて、勤労体験（特別活動における「学校行事」としての「勤労・生産的行事」）をはじめとする「体験的学習」の機会を学校において設けるように求めている[11]。1998年版小学校学習指導要領は、総合的な学習の時間における「自然体験やボランティア活動などの社会体験、（中略）ものづくりや生産活動など体験的な学習」の導入を推奨している。2007年6月27日に一部改正された学校教育法は、「児童の体験的な学習活動、特にボランティア活動など社会奉仕体験活動、自然体験活動その他の体験活動の充実」（第31条）を謳っている。そして2008年版小学校学習指導要領は、「各教科等の指導」における「体験的な学習」、「道徳性の育成」に資する「豊かな体験」、総合的な学習の時間における「自然体験やボランティア活動などの社会体験、ものづくり、生産活動などの体験活動」、「学校行事」としての「自然体験や社会体験などの体験活動」の実践を引き続き推進しようとしている[12]。しかしながらこのよう

な要請、規定、方針等にもかかわらず、「体験とは何か」、「いま、なぜ体験か」、「何のための体験か」、「体験をどう組織化し、排列するか」、「体験をどう進めるか」、「体験をどう振り返るか」という一連の問いが、研究と実践の場において、十分には深められていないからである[13]。したがってこれらの問いに対する回答を提示することには、今昔を問わず、変わらぬ意義が認められるはずである。そして本章の照準は、専ら第一の最も根源的・哲学的な問いの解明に向けられている。

　本章の目的は、教育学的概念としての"Erlebnis"の独自性を明らかにすることである。この研究目的を達成するために、類語であり、また類似概念である"Erfahrung"（経験）との相違（意味上の差異、原理上の差異）に一貫して着目することを方法上の基軸としながら[14]、次の二つの作業に取り組む。第一は、語義の確認である。ドイツ語関係の辞典・辞書を参照する。第二は、ドイツの教育学者の見解の検討である。ボルノウ（Otto Friedrich Bollnow）の概念理解を俎上に載せる。

II　"Erlebnis"の辞書的意味

　『ドイツ語類語辞典』では、"erleben"と"erfahren"（経験する）、"Erlebnis"と"Erfahrung"について、次のように述べられている[15]。

　　erleben、erfahren
　　体験する、経験する
　　erleben：他動詞（experience、undergo）　im Leben Erfahrungen machen（身をもって体験する）、das Erlebnis（体験）
　　　　　　Er hat sicher etwas Schönes *erlebt*, weil er so guter Laune ist. 彼はあんなに上機嫌だから何かきっと楽しい事があったのだ。／

Er hat schon viel *erlebt*. 彼は酸いも甘いもなめつくした。／Ich habe Hitler noch *erlebt*. 私はヒトラー時代を身をもって体験した。

erfahren：他動詞（experience）　もとは、聞き知る、見て知ることで、直接的でも間接的でもよい。erleben が個人的に内的に体験するのに対し、erfahren は一般的に外的に経験することである。die Erfahrung（経験）、die Erfahrung machen はその強調である。

Ich konnte nichts Genaueres *erfahren*. 私はそれ以上確かなことを何も聞けなかった。／Wie ich aus zuverlässiger Quelle *erfahre*. 確かな筋から知るところでは。／Als er von meinem Unfall *erfuhr*, schrieb er mir sofort. 私の事故について聞き知ったとき、彼はすぐに私に手紙をくれた。／Er hat in seinem Leben wenig Liebe *erfahren*. 彼は生涯にほとんど恋をしたことがない。（erleben に近い。）／Dr. Mori ist als ein *erfahrener* Arzt in Praxis. 毛利博士は経験豊かな開業医である。

Erlebnis、Erfahrung

体験、経験

das **Erlebnis**：（experience）＜ erleben（身をもって知る、生きて事に出会う、体験する）。人が関与し、それによって強烈に、後々まで続くほどの印象を与えられたできごとで、外的な経験よりも強烈な内的、精神的体験のことである。

Von seinen Kriegs*erlebnissen* wollte er nichts erzählen. 彼は戦争の体験については何も語ろうとしなかった。／Die Ferien auf dem Land waren ein schönes *Erlebnis* für die Kinder. 子供たちにとって田舎ですごした休暇は楽しい体験だった。／

>
> Auf ihrer Reise hatten sie einige aufregende *Erlebnisse*. 彼らは旅行中にいくつかの心をワクワクさせるようなできごとに出会った。／ Das Konzert war wirklich ein *Erlebnis*. コンサートはほんとうに印象的だった。

die **Erfahrung**：（experience）＜ erfahren（聞いて知る）。外的事件にあっての見聞、実際の仕事について得た知識、熟練、またそれによっていっそう賢くなる体験、経験。
>
> Ich weiß es aus *Erfahrung*. それは経験からして分かります。／ Auf Grund meiner *Erfahrung* habe ich den Vorschlag abgelehnt. 私の経験に基づいて私はその提案を拒否した。／ Ich habe schlechte（bittere）*Erfahrungen* mit ihm gemacht. 私は彼に苦い経験をなめさせられた。

"erleben"は、「経験（体験）する、身をもって知る、（時点を）生きて迎える」[16]を意味する動詞である。"erleben"は、

1 「中から外への運動の方向」を意味する
2 「ある状態の開始」を意味する
3 「結果・完了・終結」「破滅・破壊」を意味する
4 「到達・獲得・創造」を意味する
5 自動詞から他動詞をつくる[17]

というはたらきを持ち、後続する部分の意味を深まりの方向で強調する（非分離動詞の）前綴りの"er"の後に、

1（1）生きている、生存する、生命がある

(2) ①（…に）住む　②（…のように）暮らす、生活する
　　(3) 活気がある、生き生きしている
　2 (1)（生活・生涯を）送る、過ごす
　　(2)（…を生活規範として）生きる [18]

を意味する動詞の "leben" が続いてできあがっている。
　"erleben" は、"im Leben Erfahrungen machen" と説明されるが、この場合の "Leben" は、単なる日常の生活という以上の意味での生活、生命、あるいは生それ自体のことである。"Erfahrungen machen"、すなわち動詞の "erfahren" は、

　1 (1)（聞き）知る、知らされる
　　(2)（わが身に）経験する、（他人から）受ける、（変化などを）こうむる、（…）される
　　(3)（乗り物を走らせて）獲得（達成）する
　2（…について）聞き知る [19]

という意味のうちで、とりわけ1の (2) の意味において "Leben" と結びつくことによって、「身をもって体験する」という意味を持つことになる。したがって "erleben" からは、思い切り生きている状態、すなわち「ただ生きる、なんとなく今日も一日生活するというのではなく、（中略）すべてを傾けて精いっぱい生きているという実感、充実感がともなうような生きざま」[20] が、具体的にイメージされることになる。
　"erfahren" は、そもそも認識活動に近い「聞き知る、見て知る」という意味を持ち、"Erfahrung" もまた、外的な対象に関する見聞、そこから得た知識という意味を持っている。それに対して "erleben" と "Erlebnis" は、

より直接的で、強烈で、印象深く、属人的、個人的、個性的であり、内的かつ精神的である。

　またドイツ語の "Erfahrung" と "Erlebnis" は、いずれも英語では "experience" と言い換えることができるが（"erfahren" と "erleben" も同様である）[21]、後者は "life experience"、"lived experience"、"personal experience"、"vital experience" とした方がより正確である[22]。すなわち "Erfahrung" が、対象と距離を置いた見聞という活動に重点を置いており、客観的な認識を志向する遠心的なものであるのに対して、"Erlebnis" は、個人のある場面への没入、対象との一体化、実感を伴った理解を意味する求心的なものであり、主観的な感覚・感情への方向を有しているのである。

III　ボルノウの "Erlebnis" 概念理解

　ボルノウは、ディルタイの直弟子であるシュプランガー（Eduard Spranger）にベルリン大学で、同じくミッシュ（Georg Misch）とノール（Herman Nohl）にゲッティンゲン大学で学んでおり、ディルタイから見れば、孫弟子に当たる人物である。ボルノウは、教育人間学的な立場（教育学における人間学的な見方）から、従来回避すべきものとされたり、見落とされて取り上げられることのなかった諸々の現象や概念の教育学的意義を解明しようとしたのであるが、その成果の一つが、1968年6月刊行の『教育学雑誌』（*Zeitschrift für Pädagogik*）第14巻第3号で最初に発表された論文「教育学における経験の概念」（Der Erfahrungsbegriff in der Pädagogik）である。その基本的な構成は、次の通りである（先学の翻訳による。対応するドイツ語は省略する）[23]。

1　教育学の中の方法上の争い／2　経験の科学
Ⅰ　自然な経験の概念
  3　言葉の由来／4　経験の苦痛さ／5　経験の確立／6　何か「で」の経験／7　経験豊かな実践家／8　経験への勇気／9　経験と研究／10　暫定的な結論
Ⅱ　科学における経験の機能
  1　自然な経験と学問的な経験／2　研究の先立つ基礎の必要性／3　自然な生活経験の解釈（解釈学Ⅰ）／4　透き間のある経験の拡大／5　経験論的な研究の必然性と限界／6　経験論的な意味の標識／7　例としての出会い／8　独自な経験の同化（解釈学Ⅱ）／9　研究の成果の解釈（経験と解釈学との関係）／10　あらゆる根拠の暫定性

「教育学における経験の概念」においてボルノウは、「"Erfahrung" の概念は、（中略）我々が所有する概念のうちで、最もわかっていないものの一つであるように私には思える」[24] というガダマーの指摘に賛同する一方で、その明晰化を「企てるのは、哲学者の課題であって、個々の科学者の課題ではないと思う」[25] というブレツィンカ（Wolfgang Brezinka）の主張を退ける。そして「教育学における経験の概念」においてボルノウは、次のように述べている[26]。

　　一つの概念、すなわち "Erfahrung" の概念そのものは、自明のものであって、格別の説明を要しないとの前提がある。しかしながらこの概念は、最初にそう思われるほどに、決して問題もなく、自明のものであるというわけではない。（中略）明らかであることは、"Erfahrung" の概念そのものは、決して一義的なものではなく、まず

一度は徹底的な解明が必要であるということである。

このように述べてボルノウは、「"Erfahrung"とは何か」[27]という問いに対峙するのであるが、その際に、"Erlebnis"との相違に着目している。このことは、裏を返せば、「"Erlebnis"とは何か」という問いに対するボルノウの回答が、"Erfahrung"との対比において披瀝されているということである。「教育学における経験の概念」においてボルノウは、次のように述べている[28]。

> ここで "erfahren" と "erleben" という二つの言葉の関係は、おもしろい特徴を持っている。この二つの言葉は、かなり多くの場合において、ほとんど重なり合っているのであるが、その関係は、逆の側から見ることもできる。"erfahren" が、正確な思考の根本概念であるならば、"erleben" は、非常に強く感情に重点を置いている。"erleben" は、ロマン主義、生の哲学、そして20世紀初頭の青年運動の典型的な概念である。同様に、何かを経験する、そして何かを体験する（man etwas erfährt und etwas erlebt）と言うことができるときもまた、"Erleben"（体験）は、より強く主体に関連づけられている。何かを体験する（man etwas erlebt）とき、それは、体験する者（der Erlebende）が、その中心に立っていて、そのことによって、より喜ばしい仕方で豊かにされるという意味である。彼は、体験したもの（das Erlebte）をすべて自分の中に受け入れ、まさしく自分と一体化して、そして自分の "Erlebnis" によって、すべて満たされる。それ故に "Erlebnis" は、いつも主観的性格に偏し、そのために誤解される危険がある。そこでモルゲンシュテルンは、「そして彼は、自分の週間記録に次のように書いた。再び甘い蜜に満ちた "Erlebnis"」と "Erlebnis" を嘲弄することが

できた。これに反して"Erfahren"（経験）は、はるかに事柄に関連しており、経験されたもの（das Erfahrene）を客観化する。経験をする人間（der Mensch, der die Erfahrungen macht）ではなく、そこで人間が経験する事柄（die Sache, die er dabei erfährt）の方が、注意の焦点に立っている。それ故に、この概念は、より正確で、より厳しく、そして体験概念（Erlebnisbegriff）の主観的な飛躍の危険を避けようとするところで、この概念は、よく用いられる。事実性の厳しさが、この概念において表れている。

　その際に、なお強調されなければならないことは、なるほど人間は、"seine Erfahrungen"（色々な経験）をすると言われるのであるが、このとき、その言葉は、複数形で用いられるということ、それ故に、しかし人間が観察する個々の出来事それ自体は、まだ"Erfahrung"ではなくて、人間が、そこから一般的な教えを引き出すときにはじめて、それは、"Erfahrung"になるということである。"Erfahrungen"は、人間が、それによって学ぶところの、一般的な連関と常にかかわり合っている。それ故に個々の観察もまた、それだけでは十分ではない。人間に、何かが繰り返し起こって、それが特に目立って、人間が、その規則正しい繰り返しを推測することができるのでなければならない。それ故に事実の確認それ自体もまた、まだ"Erfahrung"ではない。テュービンゲンはネッカー河畔にあるという発言を"Erfahrung"の表現であるとみなす者は、誰一人としていないであろうし、仮にその人が、そのことを自分の目で確認したとしても、同じことである。しかし明らかなフェーン現象の日々があるという確認は、"Erfahrung"ということができるであろう。

　このことは、なお別の面で、"Erfahrung"を"Erlebnis"から区別する。"Erlebnis"が、全く自分自身に立脚していて、そして自分自身を

越え出るものではないので、その結果最後に、ただ"Erlebnis"の思い出だけが後に残るのに対して、"Erfahrungen"は、本人の持続的な変化をもたらす。それ故に"Erlebnisse"は（中略）、繰り返され得るのであるが、しかし"Erfahrungen"は、ただ確認され得るだけである。しかし人間がする個々の"Erfahrungen"から、包括的な、絶えず性格に適合した、そして本人にとって特徴的な生活経験（Lebenserfahrung）が作り上げられるのである。

「教育学における経験の概念」においてボルノウは、"Erlebnis"について、「非常に強く感情に重点を置いている」、「より強く主体に関連づけられている」、「体験する者が、その中心に立っていて、そのことによって、より喜ばしい仕方で豊かにされる」、「いつも主観的性格に偏し」ている、「全く自分自身に立脚していて、そして自分自身を越え出るものではない」、「思い出だけが後に残る」と述べており、また"Erfahrung"について、「正確な思考の根本概念である」、「はるかに事柄に関連しており、経験されたものを客観化する」、「経験をする人間ではなく、そこで人間が経験する事柄の方が、注意の焦点に立っている」、「より正確で、より厳しく、（中略）事実性の厳しさが、この概念において表れている」、「そこから一般的な教えを引き出す」、「本人の持続的な変化をもたらす」と述べている。すなわち"Erlebnis"は、人間を中心として、より主観的な方向に向かうのであり、"Erfahrung"は、事柄を中心として、より客観的な方向に向かうのであると考えられている。

そしてボルノウの見解を踏まえる限りにおいて、次のように考えることができる。

"Erlebnis"は、対象への直接的接触によって引き起こされる直感的な意識過程、換言すれば、知的操作が加わる以前の非反省的な意識過程で

あり、対象を客観的に分析することではなくて、対象の意味や価値を内面において、全体的に、そして具体的に感得することである。"Erlebnis" は、感情や意志といった情意的側面を含む精神全体の活動であり、受容的である。さらに "Erlebnis" は、その本質において個別的かつ個性的であり、そこで得られるものは、主体自身が身をもって感じるところの、何らかの実感である。したがって一般性や汎用性を欠落させており、同一の "Erlebnis" をした者だけが、その内容に共感することができる。"Erlebnis" は、本質的に各人めいめいのものであり、各人が、自分自身において受けとめることによって意味づけられるものである。しかもその意味づけは、『生の形式』(*Lebensformen*) におけるシュプランガーの言葉を借りれば、外（対象）に向かっての「発動的な、あるいは意味付与的な行動」ではなく、内（自分自身）においての「受容的な、あるいは意味充実的な行動」である[29]。それに対して "Erfahrung" は、知的反省や知性による加工を契機とする客観化、普遍化への方向を含んでおり、したがってそこから得られた認識は、外的な世界や実在に関する客観的・普遍的な認識であり、科学的な認識へと発展することができる。

IV 研究のまとめと今後の課題

本章では、"Erfahrung" との相違に着目しながら、"Erlebnis" の語義を確認し、ボルノウの "Erlebnis" 概念理解を検討してきた。その結果、次の三つの知見を得ることができた[30]。

(1) "Erlebnis" は、生の全体において影響力を持っている。
(2) "Erlebnis" は、個人的かつ主観的であり、それ故に一般的な認識へは還元され得ず、意味として定着できない。

(3) "Erlebnis" は、受動的（与えられるもの）であるため、自らが意図して得られるものではない。

　本章の結論としては、以上の三点が、教育学的概念としての "Erlebnis" の独自性を構成するということである。
　"Erfahrung" が、有用性の原理や事物の秩序に従っているのに対して、"Erlebnis" は、当事者が、自分を超越した生と出会い、自己の根底に深く触れることができ、将来のためにではなく（有用性に回収されることなく）、生き生きとした現在に生きていることを深く感じることができる。また "Erfahrung" が、新たな能力が生み出され、以前の自己からより高次の自己へと変容を遂げる過程、端的に学習であり、明晰で一義的な言葉によって、筋道のある物語として言い表すことができるのに対して、"Erlebnis" は、能力の発達、あるいは獲得と直接には結びつかず、前もって計画を立てることができず、偶然性に大きくかかわり、客観的な観察や考察の対象とはなり得ず、したがって外部者による従来の評価になじまない。すなわち "Erlebnis" とは、いわば生成であり、「非－知」[31]の営みである。
　そしてこれまでの "Erlebnis" についての考察から敷衍する限りにおいて、我が国で流布している「体験学習」の概念は、極めて不安定であると判断せざるを得ない。体験は、意識的行為としての学習とは区別すべきものであって、「体験学習」という術語の使用やカテゴリーの設定は、学習論の混乱をもたらすだけではなかろうか。また2008年版の『小学校学習指導要領解説　総合的な学習の時間編』では、次のように述べられている[32]。
　「体験活動とは、自分の身体を通して実際に経験する活動のことである」。
　「予想を立てた上で検証する体験活動を行ったり、体験活動を通して

実感的に理解した上で事象と自分とのかかわりについて課題を再設定したりなど、問題の解決や探究活動に適切に位置付けることが欠かせない」。

「児童の発達に合った、児童の興味・関心に応じた体験活動であることが必要となる。児童にとって過度に難しすぎたり、明確な目的をもたなかったりする体験活動では十分な成果を得ることができない」。

「何のための体験活動なのかを明らかにし、その目的のために必要な時数を確保することが大切である」。

「このように意図的・計画的に体験活動を位置付けることによって、総合的な学習の時間の内容、育てようとする資質や能力及び態度などが確実に身に付くと考えられる」。

これらの記述は、体験の持つ積極的側面を捨象してしまっている。こうした理論的混乱を正し、実践上の諸課題を整理することは、今後の課題としたい。

『教育学における体験』（*Das Erlebnis in der Pädagogik*）においてノイベルト（Waltraut Neubert）は、ヘルバルト派の主張する教授の形式段階説とは異なる独自のものとして、"Erlebnisunterricht"（体験教授）の方法段階を提示している[33]。ナトルプ（Paul Natorp）は、批判的心理学の対象として"Bewußtheit"（意識性）の概念を挙げているが、これは、"Erlebnis"が持つ直接性を言い表している[34]。ナトルプの場合は、あらゆる教育が共同体において、共同体のために生起すること、その確認の上に立って、生活と活動を重視した『社会的教育学』（*Sozialpädagogik*）[35]や、学校改革を社会の全体的改革の有機的な一部分として（発祥地、出発点として、あるいは必然的結実として）位置づけ、学校教育の中心に"Arbeit"（労作）を置くことを主張した『社会理想主義』（*Sozial-Idealismus*）[36]もまた、"Erlebnispädagogik"（体験教育学）の成果とみなし得る部分を含んでいるかもしれない。さらにフッサール（Edmund Husserl）は、現象学の"Erlebnis"概念と通俗的なそれを峻別し、"intentionales

Erlebnis"（志向的体験）や "Erlebnisstrom"（体験流）といった有名な概念を打ち出しているし[37]、ケルシェンシュタイナー（Georg Kerschensteiner）は、"Erlebnis" と "Arbeit" を生活領域的に区別している[38]。彼ら以外にも、例えばフィッシャー（Aloys Fischer）、ガウディヒ（Hugo Gaudig）、フェルスター（Friedrich Wilhelm Foerster）、ハイデガー（Martin Heidegger）、ジンメル（Georg Simmel）らをはじめとして、ドイツの多くの教育学者、哲学者、社会学者が、"Erlebnis" をめぐって、様々な議論を展開している。その内容を個別に検討し、相互連関と全体動向を把握することもまた、筆者の今後の課題である。

注

1　Gadamer, H-G., *Wahrheit und Methode*: Grundzüge einer philosophischen Hermeneutik, 2., Aufl., Tübingen: J. C. B. Mohr（Paul Siebeck）, 1965, S. 56f.
2　ebd., S. 57f.
3　Dilthey, W., *Das Erlebnis und die Dichtung*: Lessing. Goethe. Novalis. Hölderlin, 8., Aufl., Leipzig / Berlin: Verlag B. G. Teubner, 1922.
　ウイルヘルム・ディルタイ著、佐久間政一訳『詩と体験』モナス、1933 年
　ヴィルヘルム・ディルタイ著、服部正己訳『体験と文学』第一書房、1935 年
　ディルタイ著、柴田治三郎・小牧健夫訳『体験と創作（上・下）』岩波書店、1961 年
4　Gadamer, H-G., a. a. O.（1）, S. 58.
5　梅根悟「労作教育新論」『梅根悟教育著作選集』第 1 巻、明治図書出版、1977 年、p. 11.
6　同上、p. 77.
　篠原助市『欧州教育思想史（下）』玉川大学出版部、1972 年、p. 457.（「『体験』なる語が精神科学に対し重要な意義を有するに至ったのはディルタイ以後に属する」。）
7　渡部政盛『ディルタイ派の哲学とその教育学説』啓文社、1925 年
8　入沢宗寿『ディルタイ派の文化教育学説』広文堂、1926 年

9   5と同じ、p. 77.
10 同上、p. 11.（「この本［『労作教育論』のこと］で、40数年前に『最近の教育界で……』と語られていることのなかの多くは、今日の時点でも通用することかも知れない」）。
11 「特集／体験的学習で何を学ばせるか」『現代教育科学』280号、明治図書出版、1980年5月、pp. 5-107.
12 文部科学省『小学校学習指導要領』東京書籍、2008年、pp. 13-115.
13 矢野智司「体験を深めることの意味」文部省小学校課・幼稚園課編『初等教育資料』8月号（通巻689号）東洋館出版社、1998年8月、p. 2.（「体験が本当のところなぜ子供たちの成長にとって必要なのかについて、教育関係者のなかでも十分に共通の認識が得られているわけではない」）。
    文部省小学校課・幼稚園課編『初等教育資料』1月号（通巻715号）東洋館出版社、2000年1月、p. 1.（「教育課程審議会の答申において体験の重視が述べられて以来、様々な場で『体験』が語られ、多くの学習や活動に『体験』が冠されるようになった。しかしながら、何をもって体験というのか、なぜ体験を重視する必要があるのかという根本的な問いかけに対しては、その回答があまりなされていないというのが現状ではないだろうか。うわべだけの体験の重視は、育てるべき子供の資質・能力を見失って、這い回る体験主義に陥ってしまう可能性があることを危惧する」）。
14 フランス哲学・思想に基づいて、ではあるが、森有正は、「体験」と「経験」の区別について入念に論じている。
    森有正『生きることと考えること』講談社、1970年
    森有正『思索と経験をめぐって』講談社、1976年
15 中條宗助編著『ドイツ語類語辞典』三修社、1995年、pp. 278-279.
16 編者代表国松孝二『独和大辞典』小学館、1990年、p. 698.
17 同上、p. 682.
18 同上、p. 1404.
19 同上、p. 688.
20 高久清吉『教育実践学——教師の力量形成の道』教育出版、1990年、p. 207.
21 Langenscheidt-Redaktion（Hrsg.）, *Langenscheidts Großes Schulwörterbuch, Deutsch-Englisch* (Neubearbeitung 1996), Berlin / München / Wien / Zürich / New York: Langenscheidt, 1996, S. 322.
    例えば次の二つの著作は、前者が『体験過程と意味の創造』、後者が『体験学習——学習と発達の源としての体験』と通常邦訳されている。
    Gendlin, E. T., *Experiencing and the Creation of Meaning*, New York: The Free Press of Glencoe,

1962.

Kolb, D. A., *Experimental Learning*: Experience as the Source of Learning and Development, Englewood Cliffs, N. J.: Prentice-Hall, 1984.

22　森昭『教育人間学――人間生成としての教育』黎明書房、1961 年、p. 750.
鶴見俊輔「体験」社会科学大事典編集委員会『社会科学大事典』第 12 巻、鹿島研究所出版会、1970 年、p. 222.
梶田正巳「学習・指導体験と発達（上）――体験学習理論をめざして」『児童心理』第 41 巻第 7 号、1987 年 6 月、p. 114.

23　ボルノー著、浜田正秀訳「教育学の中の経験の概念」『人間学的に見た教育学』玉川大学出版部、1969 年、pp. 159-202.

24　Gadamer, H-G., a. a. O.（1）, S. 329.

25　Brezinka, W., Über den Wissenschaftsbegriff der Erziehungswissenschaft und die Einwände der weltanschaulichen Pädagogik: Eine Antwort an Heinrich Rombach, in: *Zeitschrift für Pädagogik*, 13. Jg., Nr. 2., April 1967, Weinheim:Verlag Julius Beltz, S. 148.

26　Bollnow, O. F., Der Erfahrungsbegriff in der Pädagogik, in: *Zeitschrift für Pädagogik*, 14. Jg., Nr. 3., Juni 1968, Weinheim: Verlag Julius Beltz, S. 224.

27　ebd., S. 225.

28　ebd., S. 227f.

29　Spranger, E., *Lebensformen*: Geisteswissenschaftliche Psychologie und Etik der Persönlichkeit, 3., verbesserte Aufl., Halle（Saale）: Verlag von Max Niemeyer, 1922, S. 21.

30　篠原助市『教授原論（改訂版）――学習補導の原理と方法』玉川学園大学出版部、1953 年、pp. 163-164. 参照。

31　「非－知」という言葉は、バタイユ（Georges Bataille）の「非－知の体験」という概念をイメージしているわけではなく、"Erlebnis" の本質をシンボリックに表現するためだけに用いている。
ジョルジュ・バタイユ著、生田耕作訳『呪われた部分』二見書房、1973 年
ジョルジュ・バタイユ著、出口裕弘訳『内的体験――無神学大全』平凡社、1998 年
ジョルジュ・バタイユ著、西谷修訳『非－知――閉じざる思考』平凡社、1999 年

32　文部科学省『小学校学習指導要領解説　総合的な学習の時間編』東洋館出版社、2008 年、pp. 35-37.

33　Neubert, W., *Das Erlebnis in der Pädagogik*, 2., unveränderte Aufl., Göttingen: Vandenhoeck & Ruprecht, 1929.
Vgl., Sauer, K., *Begegnung und Erlebnis*: Herman Nohl und das Landheim des Pädagogischen Seminars der Universität Göttingen; Ein Beispiel universitärer Erlebnispädagogik, Lüneburg: Verlag Klaus Neubauer, 1988, S. 6.

34 Natorp, P., *Einleitung in die Psychologie nach kritischer Methode*, Freiburg i. B.: Akademische Verlagsbuchhandlung von J. C. B. Mohr (Paul Siebeck), 1888.
　Natorp, P., *Allgemeine Psychologie nach kritischer Methode*, Erstes Buch: Objekt und Methode der Psychologie, Tübingen: Verlag von J. C. B. Mohr (Paul Siebeck), 1912.
35 Natorp, P., *Sozialpädagogik*: Theorie der Willenserziehung auf der Grundlage der Gemeinschaft, 3., vermehrte Aufl., Stuttgart: Fr. Frommanns Verlag (E. Hauff), 1909.
36 Natorp, P., *Sozial-Idealismus*: Neue Richtlinien sozialer Erziehung, Berlin: Verlag von Julius Springer, 1920.
37 エドムント・フッサール著、立松弘孝・松井良和訳『論理学研究』3、みすず書房、1974年、pp. 137-310.
38 Kerschensteiner, G., *Begriff der Arbeitsschule*, 13., unveränderte Aufl., Leipzig / Berlin: B. G. Teubner, 1957.

第 2 部

グローバリズムと学力

第 3 章

キー・コンピテンシーと "well-being"
―― 両者の関係のとらえ方とそれを支える福祉理論について

I　研究の背景と課題

　1996 年 7 月 19 日に出された中央教育審議会第一次答申「21 世紀を展望した我が国の教育の在り方について」が、文部省（当時）としてはじめて「生きる力」という言葉を用いたことは、周知の通りである。そこでは、次のように述べられている。

> 　我々はこれからの子供たちに必要となるのは、いかに社会が変化しようと、自分で課題を見つけ、自ら学び、自ら考え、主体的に判断し、行動し、よりよく問題を解決する資質や能力であり、また、自らを律しつつ、他人とともに協調し、他人を思いやる心や感動する心など、豊かな人間性であると考えた。たくましく生きるための健康や体力が不可欠であることは言うまでもない。我々は、こうした資質や能力を、変化の激しいこれからの社会を〔生きる力〕と称することとし、これらをバランスよくはぐくんでいくことが重要であると考えた。

　「生きる力」は、1998 年版学習指導要領の理念として位置づけられ、

それに基づく教育改革の目玉として、総合的な学習の時間が新設された。その後の我が国においては、少なくとも社会が子どもの学力低下に大きな関心を向けるまでのしばらくの間は、子どもに「生きる力」を育む教育が、実際の学校現場においてどのように組織化されるのか、総合的な学習の時間に、その実質が無条件に期待されてよいものかどうかといった問題をめぐって、活発な議論が展開された。そして「生きる力」という理念は、2008年版学習指導要領においても継承されている。しかし総合的な学習の時間は、学力向上をめざす教育政策の転換に伴い、授業時間数を大幅に削減されることになった。それをめぐる研究と実践は、現在では、当初の熱気を完全に失ってしまったように思われる。

　ところでここで銘記されるべき事項は、「生きる力」という言葉はオリジナルであるとしても、「生きる」こととそのために必要な「力」の主題化は、我が国の教育界に限られたものでは決してなく、それどころか国際社会の動向と一致するということだ。OECD（Organisation for Economic Co-operation and Development 経済協力開発機構）が行ったPISA（Programme for International Student Assessment 生徒の学習到達度調査）の国内公式報告書のタイトルが、『生きるための知識と技能』（*Knowledge and Skills for Life*）であることが、それをシンボリックに物語っている。そして技術革新や世界的な産業構造の変化も手伝って、知識の量や技能の正確さ、解答のスピードという学力規定は、考える力や学び続ける力へと重心を移さざるを得なくなっている。また多文化、多民族、多言語の共存・協調へと向かうEU（European Union 欧州連合）は、OECDを舞台として教育の制度や理念を組み替えつつあり、その作業の一環として、学力標準の策定に取り組んでいる。我が国にしても、これらの動向と無縁ではあり得ない。社会のグローバル化が進展するのに伴い、国の政府（ガバメント）だけが学校教育を管理する時代は終わり、国民づくりという教育目標も変更を余儀

第3章 キー・コンピテンシーと"well-being"

なくされているのが、我が国を含む国際社会の現状である。国家にとっては、国際的な関係を保ちながら国内問題を解決していく視点が欠かせなくなっている。このことを自覚して、教育学もまた構築し直す必要があるだろう。

　　教育は、ますます国際的かつ市場の統治（ガバナンス）の分野になりつつある。なぜならいまでは、国際諸機関は、教育政策の決定に新ルールや新標準を確立しているからであり、教育の商品化は、教育産業や新規制モデルといった新しい市場の活動主体を作り出すからである[1]。

そして我が国の教育を規定する世界的な動きとしては、やはりPISAの影響こそが、真っ先に挙げられることになる。PISAの最大の特徴は、言語・情報、数学、科学を使用する能力をそれぞれ「読解力」、「数学的リテラシー」、「科学的リテラシー」と名づけ、これを測定しようと試みたところにある。「そこには、単に知識の量を増やす学力ではない、新たな学力を形成していこうとする姿勢が見られる」[2]とも評価される。そもそもPISAリテラシーは、OECDの教育研究革新センター（Centre for Educational Research and Innovation: CERI）が言うところの、子どもや、青年、若者達が市民として生きるために身につけるべき「教科横断的コンピテンシー」――「市民科」、「問題解決」、「自己意識」、「コミュニケーション」の四つで構成される[3]――のうち、基本的な汎用的能力を測定可能な形で取り出したものである。別の言い方をすれば、PISAが求めているのは、将来起こり得る問題を効果的に理解し、解決し、自分の人生に成功をもたらすための学力、社会に出て活用することができる学力である。OECDによる学力の国際戦略は、彼らが幸福な人生を送るためには、社

会に出る前に、どのような実践的能力を学校で身につけておくべきかという根本的な問いに向き合っているのであり、すなわち「キー・コンピテンシー」(key competencies) と "well-being"（よりよき生、善存、満足のいく状態、幸福、健康、厚生、安寧等を意味する。ウェルビーイングという片仮名言葉でも通用する）の二つの概念にかかわって展開されていると考えることができる。

　本章の課題は、国際的な学力標準策定論議におけるキー・コンピテンシーと "well-being" の関係のとらえ方を明らかにするとともに、それとセン (Amartya Kumar Sen) の「潜在能力アプローチ」(capability approach) との類似性について、後者の要点を整理することによって確認することである。中心的な対象としては、ライチェン (Dominique Simone Rychen) とサルガニク (Laura Hersh Salganik) 共編の『人生の成功と正常に機能する社会のためのキー・コンピテンシー』(*Key Competencies for a Successful Life and a Well-Functioning Society*, 2003. 邦訳書名『キー・コンピテンシー』) とセンの『不平等の再検討』(*Inequality Reexamined*, 1992.) の二つを俎上に載せる。これらから引用をする場合の訳文は、全面的に、それぞれの邦訳書に従っている。ただし原典を参照した上で[4]、訳語の後ろに（well-being）と挿入した箇所がある。

II　キー・コンピテンシーと "well-being" の関係把握

　教育政策が、国際機関 (International Organization: IO) や政府間組織 (Inter-governmental Organization: IGO) 等、国境を越えた活動主体——さらに市場を付け加えることができる——によって規定される時代に突入して久しい。国際的な教育指標の確定、とりわけ国際学力調査が、各国の教育政策に少なからぬ影響を及ぼすようになったことは、我が国の教育改革が、

PISA によって非常に大きな影響を受けたことからも明らかである。なかでも PISA2003 の結果が 2004 年 12 月に公開されると、中山成彬文部科学大臣（当時）が、文部科学省としてはじめて子どもの学力低下を公式に認め、その後一気に、ゆとり教育の見直し、学力向上策の促進、全国学力・学習状況調査等が行われ、2008 年 3 月には学習指導要領の改訂にまで至った。

　PISA は、そもそもは OECD の国際教育指標事業（Indicators of Education Systems: INES）の一環として実施された調査であり、その概念枠組みは、OECD が後援し、スイス連邦統計局の主導の下で、PISA の開発と同時並行で行われた「コンピテンシーの定義と選択——理論的・概念的基礎」（Definition and Selection of Competencies: Theoretical and Conceptual Foundations）プロジェクト、通称 DeSeCo によって提供されている。PISA は、DeSeCo の結論を待たずして出発してしまったが、異なる視点を持っていた訳ではなく、むしろ一体化していた。DeSeCo は、1997 年 12 月に開始され、各国での調査研究や国際シンポジウムの開催を経て、2001 年にライチェンとサルガニク共編の第一次報告書（概念の定義をめぐる理論研究書）『キー・コンピテンシーの定義と選択』（Defining and Selecting Key Competencies）を刊行し、2002 年末に具体的な作業を終えて、2003 年に最終報告書『キー・コンピテンシー』を刊行している。その後 PISA 側による DeSeCo の要約・紹介として、『キー・コンピテンシーの定義と選択——執行部要約』（The Definition and Selection of Key Competencies: Executive Summary）が公表されている。

　『キー・コンピテンシー』では、個人に「人生の成功」をもたらし、「正常に機能する社会」を作り上げていく上で鍵となる能力がキー・コンピテンシーとみなされており、それは、次の三つの一般的基準に基づくものとされている[5]。

（1）全体的な人生の成功と正常に機能する社会という点から、個人および社会のレベルで高い価値をもつ結果に貢献する
（2）幅広い文脈において、重要で複雑な要求や課題に答えるために有用である
（3）すべての個人にとって重要である

そして『キー・コンピテンシー』では、「思慮深さ（反省性）」[6]を核心としながら、領域を越えて共通するキー・コンピテンシーが三つに広域カテゴリー化され、さらにそれぞれが三つに下位区分されている。次の通りである[7]。

（1）社会的に異質な集団での交流
　① 他者とうまくかかわる力
　② 協力する力
　③ 対立を処理し、解決する力
（2）自律的に活動すること
　①「大きな展望」の中で活動する力
　② 人生計画と個人的なプロジェクトを設計し、実行する力
　③ 自らの権利、利益、限界、ニーズを守り、主張する能力
（3）道具を相互作用的に活用すること
　① 言語、シンボル、テクストを相互作用的に活用する力
　② 知識や情報を相互作用的に活用する力
　③ 技術を相互作用的に活用する力

このうち（3）に見られる「道具」という言葉は、非常に広い意味を持っている。『キー・コンピテンシー』では、次のように述べられている[8]。

第 3 章　キー・コンピテンシーと "well-being"

「道具」という言葉を最も広い意味で使っており、モノとしての道具も社会的・文化的なツールとしての道具も含んでいる。グローバル経済と現代社会の社会的、専門的な要求は、機械やコンピュータなどのモノとしてのツールだけでなく、言語、情報、知識のような社会文化的な道具活用に対する熟練を必要としている。

我が国が PISA 型学力として積極的に導入しようとするリテラシー、すなわち「多様な状況において問題を設定し、解決し、解釈する際に、その教科領域の知識や技能を効果的に活用してものごとを分析、推論、コミュニケートする力」[9] は、こうした「道具を相互作用的に活用する」能力として位置づけられている。つまり PISA リテラシーは、キー・コンピテンシーの一部に過ぎない。そして我が国では、その他のキー・コンピテンシーについては、全くと言ってよいほど注目されていない。2008 年 1 月 17 日に出された中央教育審議会答申「幼稚園、小学校、中学校、高等学校及び特別支援学校の学習指導要領等の改善について」では、次のように述べられている。

　　経済協力開発機構（OECD）は、1997 年から 2003 年にかけて、多くの国々の認知科学や評価の専門家、教育関係者などの協力を得て、「知識基盤社会」の時代を担う子どもたちに必要な能力を、「主要能力（キーコンピテンシー）」として定義付け、国際的に比較する調査を開始している。このような動きを受け、各国においては、学校の教育課程の国際的な通用性がこれまで以上に強く意識されるようになっているが、「生きる力」は、その内容のみならず、社会において子どもたちに必要となる力をまず明確にし、そこから教育の在り

方を改善するという考え方において、この主要能力（キーコンピテンシー）という考え方を先取りしていたと言ってもよい。

しかしこのように説明される「生きる力」の内容は、「基礎・基本を確実に身に付け、いかに社会が変化しようと、自ら課題を見つけ、自ら学び、自ら考え、主体的に判断し、行動し、よりよく問題を解決する資質や能力」、「自らを律しつつ、他人とともに協調し、他人を思いやる心や感動する心などの豊かな人間性」、「たくましく生きるための健康や体力」である。ここには、キー・コンピテンシーの持っていた異質なものとの交流、対立や矛盾の調整といった視点が欠落しており、コンピテンシーの獲得による社会の変革という志向性も見られない。我が国においてキー・コンピテンシーは、一面化され、別の文脈に移し替えられて、教育政策や教育現場に導入されている。

そもそも DeSeCo の言うコンピテンシーとは、「心理社会上の前提条件が流動化する状況で、固有の文脈に対して、その複雑な需要にうまく対応する能力として（中略）定義されている」のであり、「認知的」側面と「非認知的」側面（情意的側面や社会的側面等）の「両面を含む」ものである[10]。『キー・コンピテンシー』では、次のように述べられている[11]。

> 認知的技能と知識は明らかに伝統的な学校プログラムを通じて伝達される重要な教育成果であるが、コンピテンシーに関する考察はそうした認知的要素だけに限定することはできない。労働市場での行動や知性と学習に関する最近の研究は、態度や動機づけ、価値といった非認知的要素の重要性を示している。これらの要素は、フォーマルな教育の領域では必ずしもあるいはまったく獲得されず開発されていない。

第3章　キー・コンピテンシーと"well-being"

確かに「需要にうまく対応する能力」というフレーズは、一見ひどく適応主義的な印象を与える。しかしそれは、社会の変化に対して従順に適応していくことを単純に意味しているのでは決してない。むしろそこでめざされているのは、適切なコンピテンシーをすべての成員に培うことによって、社会や世界を変えていくことなのである。

「人生の成功」というフレーズもまた、立身出世主義的な印象すら与えるものである。しかし『キー・コンピテンシー』では、次のように述べられている[12]。

> 人生の成功とは、狭くは、高い経済的地位や社会的地位の獲得で特徴づけられる生活を意味すると解釈される。しかし、（中略）豊かな生活という表現よりも、人生の成功という考え方はより広い解釈を可能にする。そのため、我々は高く評価された個人の成果を言葉で表すうえで、広い意味から人生の成功という表現を用いる。つまり、人生の成功という言葉に経済的成功と規範的要因としての外部の評価を含めて、広範な議論ができるように主観的用語と客観的用語の両方の意味から個人のクオリティ・オブ・ライフを取り扱うことにする。

さらに『キー・コンピテンシー』では、次のように述べられている[13]。

> 人生の成功とは、幸福（well-being）の客観的・主観的要素を組み入れた多面的概念である。

このように DeSeCo では、主観的・客観的な生活の質を含み、「幸福

(well-being)の客観的・主観的要素を組み入れた多面的概念」として「人生の成功」というフレーズが用いられている。『キー・コンピテンシー』によれば、その主要な要因は八つであり、さらにそれぞれが二つに下位区分されている。次の通りである[14]。

(1) 経済的地位と経済資源
　① 有給雇用
　② 収入と財産
(2) 政治的権利と政治力
　① 政治的決定への参画
　② 利益集団への加入
(3) 知的資源
　① 学校教育への参加
　② 学習基盤の利用可能性
(4) 住居と社会基盤
　① 良質の住居
　② 居住環境の社会基盤
(5) 健康状態と安全
　① 自覚的・他覚的健康
　② 安全性の確保
(6) 社会的ネットワーク
　① 家族と友人
　② 親戚と知人
(7) 余暇と文化活動
　① 余暇活動への参加
　② 文化活動への参加

第 3 章　キー・コンピテンシーと "well-being"

　(8)　個人的満足感と価値志向
　　　① 個人的満足感
　　　② 価値志向における自律性

　これらは、個人の幸福を構成する基本的な要素であり、それを達成するためにこそ、キー・コンピテンシーが必要不可欠であると考えられている。ここには、DeSeCo におけるキー・コンピテンシーと幸福、すなわち "well-being" の関係把握が示されている。また「社会的に異質な集団での交流」というキー・コンピテンシーは、単なる同調主義ではなく、人間一人ひとりが違う考えや異なる能力を持ちながら協力するということであり、「自己実現」による幸福はもちろん、「他者との交わり」による幸福の実現も射程に入っていることは言うまでもない[15]。このように DeSeCo において能力と幸福、キー・コンピテンシーと "well-being" の関係は、より包括的にとらえられている。

Ⅲ　センの潜在能力アプローチとの類似性

　DeSeCo におけるキー・コンピテンシーと "well-being" の関係のとらえ方は、センの潜在能力アプローチと共通するところが少なくない。実際に『キー・コンピテンシー』では、『財と潜在能力』(*Commodities and Capabilities*) からセンの言葉が引用されており[16]、「DeSeCo の成果に基づく能力モデルを支持」[17] するものと解されている。次の通りである[18]。

　　多くの観点で、リソース・アプローチ [「『一定の決定因のもとで、自分の生活条件を管理し意識して方向づけられるよう働く、動員可能なリソース（資源）を個人が自由に使用できる能力』という概念に基づ」

く考え方で、「北欧的な富へのアプローチ」とみなされる］は、アマルティア・セン（Amartya Sen）の能力（capability）の複合概念と一致している。ただしセンは、リソース自体よりもリソースをどのように使いこなすかをより重要視している。

　人の幸福（well-being）を判断する際、所有しているモノの特性に分析を限定するのは、早まったことであろう。……幸福（well-being）という概念をつきつめれば、明らかに我々は、生活がどう「機能する」かという方向に目を向けなければならないであろう。すなわちそれは、人が生活必需品と自由を駆使できる特性を伴ってどんな行動をとることに成功するかということである。

　このように、ある機能は「ある人の成果である。それは人が自分の行動や存在を管理することである」。リソース、能力と成果との関係についてのモデルは、DeSeCo の成果に基づく能力モデルを支持し、能力を期待される成果との関連性を探求する今後の作業への第一歩となるものと思われる。

ところでセンの潜在能力アプローチの内容については、彼の重要な著作のうちの複数が邦訳されており、直接の関連分野での先行研究も充実しているので、すでによく知られているものと思われる。また専門分野の異なる筆者には、それに関するオリジナルな研究成果を新たに生み出すことなど、到底できるはずがない。ただセンの言葉を引用しながら、その要点を簡潔に整理することによって、DeSeCo におけるキー・コンピテンシーと "well-being" の関係のとらえ方との類似性だけは、やはり確認しておきたい。このことによって、すぐ上で引用した『キー・コンピテ

第3章　キー・コンピテンシーと"well-being"

ンシー』中の一節についての理解が、一層深まることになるはずである。『不平等の再検討』においてセンは、次のように述べている[19]。

> 生活とは、相互に関連した「機能」（ある状態になったり、何かをすること）の集合からなっていると見なすことができる。このような観点からすると、個人が達成していることは、その人の機能のベクトルとして表現することができる。重要な機能は、「適切な栄養を得ているか」「健康状態にあるか」「避けられる病気にかかっていないか」「早死にしていないか」などといった基本的なものから、「幸福であるか」「自尊心を持っているか」「社会生活に参加しているか」などといった複雑なものまで多岐にわたる。

「個人の福祉（well-being）は」、このような多様な機能から成る「その人の生活の質、いわば『生活の良さ』として見ることができる」[20]。センにおいて「福祉」、すなわち"well-being"は、暮らしぶりのよさを表す言葉であって、福祉政策や福祉サービスを指すものではない。

そして『不平等の再検討』においてセンは、次のように述べている[21]。

> 機能の概念と密接に関連しているのが、「潜在能力」である。これは、人が行うことができる様々な機能の組合せを表している。従って、潜在能力は「様々なタイプの生活を送る」という個人の自由を反映した機能のベクトルの集合として表すことができる。（中略）機能空間における「潜在能力集合」は、どのような生活を選択できるかという個人の「自由」を表している。

センの言う潜在能力とは、どのような状態になることができるか、何を

することができるかという選択肢の幅を示すものであり、実際にはその中から選択が行われ、現実の生活の中身、すなわち「達成された機能」[22]が決定する。したがって機能は観察可能であるが、潜在能力それ自体は観察不可能である。

　また潜在能力は、人がどのような生き方を選び取るかという自由を表している。『不平等の再検討』においてセンは、次のように述べている[23]。

　　潜在能力とは、第一に価値ある機能を達成する自由を反映したものである。それは、自由を達成するための手段ではなく、自由そのものに直接、注目する。そして、それはわれわれが持っている真の選択肢を明らかにする。この意味において、潜在能力は実質的な自由を反映したものであると言える。機能が個人の福祉（well-being）の構成要素である限り、潜在能力は個人の福祉（well-being）を達成しようとする自由を表している。

例えば裕福だが、断食をしているために飢えている人と、貧しく、十分な食料を得る手段がないために飢えている人を比べてみる。この二人は、飢えているという点では同じであるが、潜在能力で見ると、後者より前者の方が大きい。後者が、否応なく飢餓状態に置かれているのに対し、前者は、飢えることを選択する自由を持っているからである[24]。したがって福祉、すなわち"well-being"を考えるときの焦点は、達成された機能（飢えているかどうか）ではなく、潜在能力（十分な食料・栄養を得るという選択をする自由があるかどうか）にあるとセンは考える。

　ここまで述べてきたのは、機能と潜在能力の区別であるが、資源と潜在能力の区別もまた重要である。『不平等の再検討』においてセンは、次のように述べている[25]。

貧困を所得の欠如とする考え方をとりたくなるのも無理のないことではあるが、その見方はやはり十分ではない。他にも考慮されるべき点があるからである。ここで指摘すべき最も重要な点は、経済的手段が十分であるかどうかは、所得や資源を潜在能力に変換できる可能性を抜きにしては評価できないということである。（中略）腎臓障害で透析を必要とする人は、所得こそ高いかもしれないが、それを機能に変換する際の困難を考慮すれば、この人の経済手段（つまり、所得）は依然として不足していると言える。貧困を所得で定義するのであれば、所得からどのような機能を実現できるかという潜在能力を抜きにして、所得だけを見るのでは不十分である。貧困に陥らないために十分な所得とは、個人の身体的な特徴や社会環境によって異なるのである。

　所得という経済的資源から、どのような機能（健康状態にあること）を実現することができるかという潜在能力を抜きにして、所得だけを見るのは不十分である。福祉、すなわち"well-being"を論じる際には、達成された機能だけを見るのでも、資源だけを見るのでも不十分であり、資源からどのような機能を選択し、実現することができるかという潜在能力に目を向けるべきであるとセンは主張している。
　そして DeSeCo のアプローチは、機能的アプローチである。『キー・コンピテンシー』では、次のように述べられている[26]。

　　それ［人生の成功のこと］は、厳密な意味での成果だけではなく、リソースへの「アクセス」や「利用可能性」としてより的確に説明されるべき要因とリソースそれ自体も含むものである。

「人生の成功」、幸福、すなわち"well-being"という機能を達成するために資源にアクセスし、それを利用する能力が、DeSeCo の言うキー・コンピテンシーである。この考え方とセンの潜在能力アプローチとの類似性は、もはや明らかであろう。

IV　研究のまとめと今後の課題

　本章で得られた知見は、次の二点に整理することができる。

（1）DeSeCo の言うキー・コンピテンシーとは、個人に「人生の成功」をもたらし、「正常に機能する社会」を作り上げていく上で鍵となる能力である。とりわけ「人生の成功」というフレーズとのかかわりで言えば、キー・コンピテンシーは、個人の幸福実現、すなわち "well-being" の達成に資するものとみなされている。

（2）「人生の成功」、幸福、すなわち "well-being" という機能を達成するために資源にアクセスし、それを利用する能力が、キー・コンピテンシーである。そして価値ある機能、福祉、すなわち "well-being" を達成しようとする自由が、センの言う潜在能力である。両者は、極めて類似した考え方であり、事実、センの潜在能力アプローチは、DeSeCo の能力モデルを支える基盤理論として位置づけられている。

　しかしこれらのそれぞれにかかわっては、まだ不十分さが残っている。
　まずキー・コンピテンシーについては、個人の観点からのみならず、社会の観点からも検討する必要がある。このことによって、キー・コン

ピテンシーと社会的な"well-being"の関係が明らかになることが期待される。『キー・コンピテンシー』では、次のように述べられている[27]。

> キー・コンピテンシーは、個人的レベルと同様に社会的レベルとの関連でも定義づけられる。社会の観点から見れば、キー・コンピテンシーは、個々の人生の成功を決定する要因のみならず、社会的目的の達成手段として重要視される。学校の組織を通じて基礎的スキル・コンピテンシーが伝達されることは、通常社会的目的を達成する手段である。

そして『キー・コンピテンシー』によれば、「正常に機能する社会」の主要要因は、次の六つである[28]。

(1) 経済的生産性
(2) 民主的プロセス
(3) 連帯と社会的結合
(4) 人権と平和
(5) 公正、平等、差別観のなさ
(6) 生態学的持続可能性

「もちろん、人生の成功の特質と正常に機能する社会の特質とは、重なりあうところが多くある。というのは、当然ながら正常に機能する社会を生み出す条件は同時に、個人の人生の成功に寄与する条件であることが期待されるからである」[29]。キー・コンピテンシーは、個人としての"well-being"と社会としてのそれを両立させる機能を持つものとして提案されている。

次にセンの潜在能力アプローチについては、教育学の立場から、さらに踏み込んだ考察が必要である。個人の置かれた状況の多様性を抜きにして、財の平等な分配は語り得ない。『不平等の再検討』においてセンは、次のように述べている[30]。

> 資源や基本財の所有を平等化させることは、必ずしも各人によって享受される実質的な自由が平等化されることを意味しない。なぜなら、資源や基本財を自由へと変換する能力には、個人間で差があるからである。

財が平等に分配されたかどうかは、潜在能力の開発と不可分の関係にある。人々を不自由から解放し、能力や資質等の内面的な側面はもちろん、それらの制約条件となっている政治や経済等の制度的側面からも、より多くの自由を保障していく。こうした解放、あるいは自由としての開発というセンの見方は、明らかに教育の視点を内在させている。

さらに今後に残された研究課題としては、次の二点を挙げることができる。

第一は、教育と教育学の脈絡において、"well-being"の訳語を特定し、その意味内容を明確化することである。本章が主に対象とした二つの著書の邦訳書のそれぞれでは、"well-being"が、「幸福」、「福祉」と訳されていた。また白石賢と白石小百合の論文「幸福度研究の現状と課題」によれば、"well-being"は、「人々の人生のpositiveな評価」であり、そこには「肯定的な感情、関与、満足と価値が含まれている」[31]。しかしこの説明は、"subjective well-being"に絞ったものであり、DeSeCoやセンの用法とは、明らかに異なっている。"well-being"は、主観的・客観的内容を含む複合的な概念であり、白石らの整理は、その一部をとらえているに過

第 3 章　キー・コンピテンシーと "well-being"

ぎない。

　第二は、"well-being" の測定可能性を教育学の立場から吟味することである。"well-being" の概念は、1948 年に WHO（World Health Organization 世界保健機関）の健康についての定義「健康とは、完全に、身体、精神、及び社会的によい（安寧な）状態（well-being）であることを意味し、単に病気でないとか、虚弱でないということではない」に登場して以来、測定可能となるような下位概念及び（代理）尺度の設定が施され、調査研究の対象となってきた。"well-being" は、社会学的には一種の価値観として、心理学的には感情としてとらえられることが多い。そして社会心理学的観点からの "well-being" 研究には、幸福度や幸福感の測定、心理的態度の研究として、すでに相当の蓄積がある。しかし "well-being" を測定するという発想に対しては、哲学や人類学から、懐疑的な意見も出されている。メーテルリンク（Maurice Maeterlinck）の『青い鳥』（*L'Oiseau bleu*）や「禍福は糾える縄のごとし」という諺は、幸福というものが、調査以前に、そもそも人間にとっていかにとらえ難いものであるかということを我々に教えてくれている[32]。

注

1　Martens, K / Rusconi, A / Leuze, K. (Eds.), *New Arenas of Education Governance*: The Impact of International Organizations and Markets on Educational Policy Making, Basingstoke: Palgrave Macmillan, 2007, p. 9.

2　国立教育政策研究所監訳『PISA 2003 年調査　評価の枠組み――OECD 生徒の学習到達度調査』ぎょうせい、2004 年、p. iii.

3　中嶋博・澤野由紀子訳『人生への準備は万全？――OECD 新国際教育指標開発』学文社、1998 年

4　Rychen, D. S / Salganik, L. H. (Eds.), *Key Competencies for a Successful Life and a Well-Functioning Society*, Cambridge: Hogrefe & Huber Publishers, 2003.

Sen, A., *Inequality Reexamined*, Cambridge: Harvard University Press, 1995.
5 ドミニク・S・ライチェン、ローラ・H・サルガニク編著、立田慶裕監訳、今西幸蔵・岩崎久美子・猿田祐嗣・名取一好・野村和・平沢安政訳『キー・コンピテンシー――国際標準の学力をめざして』明石書店、2006 年、pp. 88-90.
6 同上、pp. 207-208.
7 同上、pp. 105-121.
8 同上、p. 116.
9 OECD, *Learning for Tomorrow's World*: First Results from PISA 2003, Paris: OECD, 2004, p. 20.
10 5 と同じ、p. 65.
11 同上、p. 27.
12 同上、pp. 131-132.
13 同上、p. 142.
14 同上、pp. 137-142.
15 岩田靖夫『よく生きる』筑摩書房、2005 年、pp. 14-43.
16 Sen, A., *Commodities and Capabilities*, New Delhi: Oxford University Press, 1987, pp. 6-7.
17 5 と同じ、p. 134.
18 同上、pp. 133-134.
19 アマルティア・セン著、池本幸生・野上裕生・佐藤仁訳『不平等の再検討――潜在能力と自由』岩波書店、1999 年、p. 59.
20 同上
21 同上、pp. 59-60.
22 同上、p. 60.
23 同上、p. 70.
24 同上、p. 73.
25 同上、p. 173.
26 5 と同じ、pp. 142-143.
27 同上、p. 143.
28 同上、pp. 144-148.
29 同上、p. 144.
30 19 と同じ、p. 49.
31 白石賢・白石小百合「幸福度研究の現状と課題――少子化との関連において」『経済分析』第 179 号、内閣府経済社会総合研究所、2007 年 8 月、p. 99.
32 イェルク・ツィルファス「幸福」クリストフ・ヴルフ編、藤川信夫監訳『歴史的人間学事典』第 3 巻、勉誠出版、2008 年、pp. 20-34. を併せて参照のこと。

第 4 章

子どもの "well-being" にかかわる
教育言説の妥当性
—— 自尊感情と幸福度の低さをめぐって

I　研究の背景と課題

　およそ2000年前後から現在に至るまで、日本では、OECDのPISAや文部科学省の全国学力・学習状況調査をはじめとして、いくつもの教育調査が実施されている。まさに調査の時代である。そして各種調査の結果を踏まえて、日本の子どもの問題状況が繰り返し指摘されている。その事例を挙げることは、教育関係者であれば、もはや容易なことだろう。
　しかしそうした言説の中には、それ自体極めて論争的であるものが数多く見受けられるし、それどころか本当に日本の子どもの学力、生活、意識等の実態を正しく反映したものであるのかについて、かなり疑わしいものすら含まれている。データの蓄積が進む一方で、その分析は、不十分なままにとどまっているのではないか。そして調査の結果を踏まえて、換言すれば、エビデンスに基づいて（evidence-based）生み出されたとされる言説であっても、単純でわかりやすい形に変換された際に、厳密な意味での学問的裏づけを失ってしまう場合が少なくない。とすれば、結局それは、いわばムードの言葉でしかない。
　ただしそれは、メディアを介して社会全域に急速に流布することで、

世論形成に大いに寄与する。ときに社会の存立基盤と将来に対する不安を増大させ、国民的な集団ヒステリー、あるいは一種のパニックを引き起こすことさえある。

そしてムードの言葉が、教育の政策文書や改革論議の各所で使用され、あたかも真実であるかのように喧伝されるのは、日本における悪弊の一つであろう。したがってその代表的な事例を抽出し、リサーチ・リテラシー——研究を遂行するために身につけておくべき基礎的能力[1]ではなく、社会調査データを解読する能力[2]の意味——を駆使して、妥当性や信頼性を検討することは、必要不可欠な作業である。仮にそれが、為政者や官僚の側で、すでに公的な「事実」として共通に認識されており、その改善・克服を企図した施策が開始されているにしても、また広く一般大衆において、少なくとも素朴な実感のレベルで共感を得られており、国や地方自治体が嚮導する教育改革の取り組みを支持する声となっているにしても、さらには俗流学問、それどころか、場合によっては疑似学問のレベルで、信念や思い込み、個人的な印象・体験にばかり依拠していて、およそ客観的な根拠に欠けるとしか考えられない浅薄な議論が横行しており、ときに教育学研究者でさえ、そこに安易に回収されてしまっている困った状況が見られるにしても、いや、むしろそのような状況だからこそ、である。

本章の課題は、子どもの"well-being"にかかわる二つの教育言説、すなわち「日本の子どもは自尊感情が低い」と「日本の子どもは幸福度が低い」について、その妥当性を検討することである。そしてこの研究課題は、次の二つに下位区分することができる。第一は、日本の子どもの自尊感情の低さを問題視する関係各方面の動きを追跡した上で、自尊感情——直接的には自信——の形成を「階層と教育」の文脈においてとらえ直した教育社会学研究の成果を検討することである。第二は、諸外国に

おける幸福の問題への関心の高まりを確認した上で、日本の子どもの幸福度に関するユニセフ（United Nations Children's Fund: UNICEF）の調査の結果を振り返り、その問題点を指摘することである。

II 「日本の子どもは自尊感情が低い」は本当か？

　子ども達が自分自身をどのようにみなしているか。自分の能力についての自己概念（self-concept）や自尊感情（self-esteem）、とりわけ後者は、教育研究において重要な関心事の一つとして位置づけられてきた。教育心理学の領域では、実践的な関心から研究が蓄積され、自尊感情を高めることは、自己肯定感を高め、その結果、子どもの学校での適応や成功につながり、学習への動機づけを向上させたりすると考えられてきた。また学習心理学の成果に基づく内発的動機づけの理論やバンデューラ（Albert Bandura）の自己効力感（self-efficacy）の理論は、主体的な自己を前提として、学習への影響をとらえた理論である。

　しかしもともとの理論の精緻さに比べると、こうした心理学の知見が教育改革論議の中に取り入れられ、教育の実践場面に降ろされるとき、それらの理論は、どの子どもにも当てはまる普遍的・一般的な知識として応用されがちであり、個人を取り巻く社会的な環境やコンテクストの様々な諸条件は、ほとんど考慮されない。その一例は、1998年6月30日に出された中央教育審議会「幼児期からの心の教育の在り方について」答申『新しい時代を拓く心を育てるために』――次世代を育てる心を失う危機――」に端的に示されている。そこでは、次のように述べられている。

　　今日の子どもたちの積極性の乏しさ、自尊感情や自己有用感など

の欠如といった状況を踏まえると、子どもたちのよさを評価し、その能力・適性、興味・関心に即して個性を伸ばす教育を展開し、子どもたちが成就感や達成感を感じられるようにすることが大切である。

　ここでは、子ども達に「自尊感情や自己有用感」を回復させ、「子どもたちのよさ」を評価することが、子ども達の「心」の問題を解決する上で重視されている。「子どもたちのよさを評価し、その能力・適性、興味・関心に即して個性を伸ばす教育を展開し、子どもたちが成就感や達成感を感じられるようにする」個性尊重の教育に異論を唱えることは、確かにかなり難しい。しかし自己責任や自己選択の原則が強く求められる現代の日本において、教育の世界でナイーブに、少なくとも「生きる力」の育成と個性の尊重を標榜する20世紀末以降から今日に至るまでの教育改革が前提とするような、意欲や興味・関心といった内なる声を聞き、「自ら学び、自ら考えるなど、(中略)主体的・自律的に行動する」(1997年6月26日に出された中央教育審議会第二次答申「21世紀を展望した我が国の教育の在り方について」より)強い個人像としての自己のあり方、2008年版学習指導要領にある言葉を借りれば、「主体的に学習に取り組む」自律的な学習者としての子どもの姿の称揚を勧めることは、政治的な意味合い、あるいはイデオロギー性さえ持たざるを得なくなるのではないか。二つの上記答申と学習指導要領の盲点は、子ども一人ひとりを真空状態に置いて、授業の工夫次第では誰の学習意欲でも高められるはずだという、一見理想的とも思える学習理論を前提としていることであって、意欲の不平等問題を視野に入れていない点に認められる。そのため子どもの意欲を高めることができなければ、それは、教師の力量が足りないからだという結論になりかねない。このように、いわば社会(学)的

視点を欠落させたままで、子どもの自尊感情の高揚運動——それは、かつてのアメリカにおける「自分自身にいい感じを持つ」（feeling good about oneself）運動（"feel-good" movement）を髣髴とさせる——が、いささか安易に提唱・展開されている感がある日本の状況には、注意を向ける必要がある。

　しかし現実には、子どもの自尊感情を高めることをめざした教育実践は、全国各地で数多く行われている。2000年度から、広島県呉市立五番町小学校、二河小学校、二河中学校で始まった連携型小中一貫教育でも、小学校5年生に対して「自分が周りの人から認められている（大切にされている）と思いますか」、「自分が好きですか」、「自分のよいところがわかりますか」というアンケートを行ったところ、「思春期に落ち込む自尊感情」の実態が明らかとなり、それを高めることが課題となった[3]。次の通りである[4]。

　　自尊感情の低下というのは、個人差があり人間誰もが一度は通るものと思われるが、極端な低下は、生活する上で意欲を欠くものとなり、マイナスイメージが強い。今の子どもたちの置かれている環境などを考えるとき、この自尊感情の低下は、ぜひ学校現場で把握し、何らかの手だてをしなくてはならないと考えるようになった。

そして3校では、アンケートの結果を踏まえ、さらに「成長の過程で一時的に自尊感情が低下することは自然なことである。しかし著しく自尊感情が失われた場合は教育的に配慮し取り組む必要がある」という心理学研究者の指導助言と「自尊感情が低いと社会への関心や個性追究の意欲が低下する」、「自尊感情が著しく失われた児童生徒は、社会奉仕への気持ちや自分の個性を追究しようという意欲が持ちにくいのではな

かと考えられる」との仮説に基づいて、義務教育9年間を一貫する「生き方学習」、すなわち「全学年で自尊感情を含めた自己認知と人間関係を重視し、人とかかわりながら将来への夢や目標を持ち、自己の生き方を考えることのできる児童生徒の育成を目指した学習」が構想・実践されたのである[5]。しかし3校の取り組みでは、自尊感情が低下した状態とそれが著しく失われた状態の違い、両者を区別する基準のいずれもが、全く示されていない。

また2009年3月11日の産経新聞には、「自分嫌いをなくそう！ 都が小学生に『自尊教育』導入へ」という記事が掲載されている。その全文は、次の通りである。

　　日本の子供たちは自分が嫌い──。東京都教育委員会が公立の小中学生、都立高校生を対象に「自尊感情」について調査したところ、中高生の5～6割が「自分」を好意的にとらえていないことが10日、分かった。

　　日本の子供たちの自尊感情の低さはこれまでも指摘されてきたが、自治体レベルで大規模な調査が行われたのは初めて。都教委は現状を深刻に受け止め、「自分の存在や価値を積極的に肯定できる子供を育てる」とし、4月から試験的に"自尊教育"を実施する。

　　都教委は昨年11～12月、都内の小学生4030人、中学生2855人、高校生5855人を対象に、自尊感情や自己肯定感をテーマにしたアンケートを行った。

　　調査結果によると、中学生では「自分のことが好きだ」との問いに、「そう思わない」「どちらかというとそう思わない」と否定的に回答した割合が、中1＝57％、中2＝61％、中3＝52％に上り、全学年で「そう思う」「どちらかというとそう思う」と肯定的に答えた

割合を上回った。高校生でも否定的な考えが目立ち、高1＝56％、高2＝53％、高3＝47％だった。

　小学生では、小1の84％が肯定的な回答をしたが、学年が上がるにつれてその割合は低下し、小6では59％となっている。

　このほか、国内外の青少年の意識などを調査・研究している財団法人「日本青少年研究所」の国際調査（平成14年）でも「私は他の人々に劣らず価値のある人間である」との問いに「よくあてはまる」と回答した中学生が、アメリカ51.8％、中国49.3％だったのに比べ、日本は8.8％と極端に低かった。

　自尊感情が低いことについて、同研究所の千石保理事長は「謙虚さ、控えめを良しとする日本の文化がまだ根強いのが一因」と指摘。「子供が成績を他人と比較して、すぐに『自分はダメだ』となる傾向も見られる。これは日本だけの特徴で、諸外国に比べて自己評価が低い。もっと自分に自信を持たせるような教育を進める必要がある」と話している。

　都教委も「自分のことが嫌いでは、学習意欲もわいてこない」と自尊感情の大切さを認識。試案ながら、「自分への気づき」「自分の可能性」などの観点で教員が子供の自主性や個性を積極的に評価し、失敗や間違いが大切な経験であることを強調する指導モデルも作成した。都教委は今後、具体的な指導方法について国内の大学と連携して研究を進め、4月からは小学校1校で試験的に"自尊教育"を実施する予定だ。

　実際に東京都では、2009年度から2012年度までの予定で、「幼児・児童・生徒の自尊感情を高める教育内容や指導方法等の在り方に関する研究」と「学校の教育活動や指導の充実に資する指導資料の開発」を「ね

らい」とした「『子供の自尊感情や自己肯定感を高めるための教育』の研究」が開始されている。2009 年度は慶應義塾大学と大田区立小池小学校の共同研究であり、以後連携協力校が公立学校 4 校（各校種 1 校）にまで拡大することが決まっている（2009 年 7 月 9 日の東京都教育庁報道発表資料「『子供の自尊感情や自己肯定感を高めるための教育』の研究について」より）。

　ところでこのような教育実践が広まり、それを我々の社会が広く受け入れるようになった背景的要因の一つには、やはり世俗に流通した心理学的知見の影響があると考えるべきだろう。もともとの精緻な心理学理論と教育実践及び一般社会の間隙は、俗流心理学によって埋められたのである。

　例えば古荘純一の『日本の子どもの自尊感情はなぜ低いのか』である。まず第 2 章「子どもの精神面の健康度を測る——QOL 尺度の開発」では、ドイツで開発された子ども用 QOL（quality of life クオリティ・オブ・ライフ、生活の質）尺度（Kid-KINDL）を翻訳・改良して、8 〜 16 歳の日本の子ども用に QOL 尺度を作成している。QOL 尺度は、次の六つの下位領域で構成されており、各領域ごとに四つの質問項目が設けられている（「自尊感情」についてのみ記載する）[6]。

（1）身体的健康度
（2）情緒的ウェルビーイング
（3）自尊感情
　　① 自分に自信があった
　　② いろいろなことができるような感じがした
　　③ 自分に満足していた
　　④ いいたいことをたくさん思いついた

第 4 章　子どもの"well-being"にかかわる教育言説の妥当性

（4）家族との関係
（5）友だちとの関係
（6）学校生活

　次に第 3 章「自尊感情が低い日本の子どもたち」では、日本の小・中学生と高校 1 年生を対象とした調査を行い、その結果をドイツとオランダでのそれと比較した上で、日本の子どもの QOL、とりわけ自尊感情は、国際的に見て非常に低いと結論している。例えば日独比較の結果の要点は、次のように整理されている[7]。

　　日本の小学生と中学生の結果と比較してみました。ほとんどすべての項目において、ドイツの子どもたちのほうがわが国の子どもたちよりも高い得点でした。ドイツの子どもたちも 6 領域の中では、「自尊感情」ついで「学校」の得点が低い傾向にありますが、小学校においてすでに、わが国の子どもたちとドイツの子どもたちの「自尊感情」の得点の差が大きいことに加え、中学生との差も著明なことは、注目に値すると思います。
　　また、家族の項目も、ドイツと比較すると、明らかに低い結果でした。

　さらに第 4 章「なぜ子どもたちの自尊感情が低いのか」では、自身の臨床経験に基づきながら、その理由を私見を交えて考察している。例えば親の自尊感情の低さが投影している、学校でストレスを受けている、人づきあいの中で「空気を読む」ことが過剰に求められているといった点を挙げている[8]。
　そしてこれをはじめとして、教師や保護者を主たる読者対象に想定し

て作られた啓蒙書や商業誌の社会的影響力は、その購入方法と内容の手軽さも手伝って、おそらくは研究者以外の誰の目にも触れないはずの高度に学術的な専門書（誌）をはるかに凌駕するものであると容易に推測される。なお上述した以上に詳しい内容紹介は、ここでは差し控えることとするが、誤解を避けるために言えば、古荘の前掲書は、類書に比べてはるかに良質であり、そこでの議論には、十分に客観的で、説得力に満ちている部分が少なくない。

　しかしいずれにせよ、教育学研究者としては、「日本の子どもは自尊感情が低い」という、ただその程度の通俗的な現状認識を無条件に受け入れることに甘んじ、それを悪しきものとみなす見方にとらわれてはならないだろう。自尊感情にかかわる日本の子どもの実態を見誤らないためには、それを支持するかどうかは別にして、『階層化日本と教育危機』、とりわけその7章「〈自信〉の構造——セルフ・エスティームと教育における不平等」に示された苅谷剛彦の見解こそが、改めて想起されるべきである。そこで苅谷は、学習意欲の階層間格差の拡大という6章「〈自己責任〉社会の陥穽——機会は平等か」の知見を受けて、自信の形成メカニズムに目を向ける。「自分には人よりすぐれたところがある」という質問への回答によって、子ども（対象となっているのは高校2年生であり、16〜17歳の若者が、果たして「子ども」に属するかどうかには異論もあろう）の自己能力感、あるいは自己有能感をとらえ、それがどのようにして高められるかを、出身階層ごとに、しかも1979年と1997年の二つの時点間の比較を交えて分析している。では、その議論を追跡してみよう。

　まず苅谷は、親の学歴別に、子どもの自己能力観の分布を調べている[9]。

　　父、母いずれの学歴についても、1979年の時点では、親の学歴が
　　高いほど、「自分には人よりすぐれたところがある」に肯定的な回

第 4 章　子どもの"well-being"にかかわる教育言説の妥当性

　答をする生徒の割合（とくに「非常に感じる」と答えた者の比率）が高かったことがわかる。（中略）79 年では親の学歴と自己の能力観とのあいだに有意な関連があったことが確認できる（中略）。ところが、97 年の結果をみると、親の学歴による差が縮小している。しかも（中略）親の学歴と自己能力観とのあいだには統計的に有意な相関関係はみられなくなっている（中略）。かつては存在した親の学歴による差が、18 年後には消滅したのである。
　この結果は、出身階層による自己能力観の格差がなくなったことを示している。

次に苅谷は、自己能力観が、学校外での学習時間、どの段階まで教育を受けたいかを示す教育アスピレーションのそれぞれに及ぼす独自の影響を重回帰分析によって明らかにしている[10]。

　79 年時点では、学校ランクや高校での成績、出身階層といった要因を統制した後でも、自己能力観の高い生徒ほど、統計的に有意（5％水準）に学校外での学習時間が長くなることがわかる。つまり、79 年時点では、他の要因の影響を統計的に一定とした場合でも〈自信〉をもつことが、それ独自の効果として勉強時間を長くさせることへと向かっていたのである。簡単にいえば、79 年の時点では、どの高校に在学しているか、高校や中学の成績はどうか、出身階層はどうか、ということと無関係に、人よりすぐれていると思う人ほどよく勉強していたということである。
　ところが、それに対し、97 年の結果は、他の要因をコントロールした場合、自己の能力観の影響は、統計的に有意ではなく、しかもマイナスの符号を示す。つまり、79 年とは逆に、〈自信〉をもつこ

とが、勉強時間にほとんど影響を及ぼさなくなったのである。

　同じような傾向が、高校卒業後にどの段階まで教育を受けたいのかという、教育アスピレーションを従属変数とした分析でも確認できる（中略）。ここでも、79年の場合には、他の要因の影響にかかわらず、自己能力観が高いと、より高い学歴を求めるという正の、しかも統計的に有意な影響がみられる。それに対し、97年では、自己能力観の影響は統計的に有意ではなく、しかもマイナスになる。言い換えれば、79年時点では、自分の能力に対して〈自信〉をもつことがより長く教育を受けたいと思う期待と結びついていたのに対し、97年の結果は、〈自信〉をもつことが教育への期待とほとんど関係がない、というように変化したのである。

このような影響の変化を背景に置いたとき、社会階層間の自己能力観の平等化傾向については、どのような説明が可能であろうか。この問題を考える上で、苅谷は、一つの補助線を用意する。それが、「業績主義的な価値観からの離脱を示す意識への着目」である。具体的には、次の二つの質問項目への回答を用いている。一つは、「将来のことを考えるよりも今の生活を楽しみたい」という質問への回答である。これは、いわば「現在の享楽志向」の意識である。もう一つは、「あくせく勉強してよい学校や会社に入っても、将来の生活にたいした変わりはない」という質問への回答である。これは、いわば「学校を通じた成功物語」の否定意識である[11]。そして苅谷は、社会階層グループごとに、現在志向と成功物語の否定意識が、自己能力観の分布とどのように関係しているのかを調べている[12]。

　現在の享楽を志向し、学校を通した成功物語を否定する——すな

わち、業績主義的価値から離脱することが社会階層の相対的に低い生徒たちにとっては〈自信〉を高めることにつながるのである。しかし、このような関連は、社会階層の上位グループには全くみられず、中位グループの場合にも、下位グループほど明確で一貫したものではない。

　苅谷は、1997年では、比較的低い階層の出身者にとって、「学校を通じた成功物語」から自ら降りてしまうことが、自信の形成につながること、そしてそのようにして形作られる自己能力感が、翻って、彼らをますます勉強や学習から遠ざけてしまうメカニズムが作動し始めていることを実証的に解明している。出身社会階層が上位の生徒にとっては、過去においても現在においても、業績主義からの離脱によって、自信が高まることはない。しかし低い階層の出身者にとっては、肯定的な自己イメージの形成は、教育から降りることによって促される。現在の享楽によって満たせる居心地のよい自己という自分との向き合い方が、特定の階層の子どもに広まりつつある。これは、追い詰められた者の心理的・社会的防衛機制だと考えることもできよう。1979年と1997年との間で、一見、自己能力観の階層間格差が消滅したかに見えたが、その陰で実際に生じていたのは、社会階層による、自己能力観の形成メカニズムの質的な差異だったのである。

　その要点が、以上のように整理され得る苅谷の議論を踏まえるならば、子どもの自尊感情の形成に及ぼす階層の影響を解明することが、教育学研究者には求められることになるはずである。仮に階層的な視点、カテゴリカルな問題把握を欠落させたまま、「日本の子どもは自尊感情が低い」と悲嘆し、その上下動に一喜一憂するばかりでは、軽率との誹りを免れることができないであろう。

Ⅲ 「日本の子どもは幸福度が低い」は本当か？

　ブータンの先代国王ジグミ・シンゲ・ワンチュク（Jigme Singye Wangchuck）は、国家開発計画の中核概念として、GNH（Gross National Happiness 国民総幸福）の概念を提唱し、既存の物質的繁栄や経済的成長を中心とした開発を否定し、仏教に根ざし、ブータン独自の文化に立脚した持続的発展と近代化の方向を提示した。1976 年のことである。GNH という言葉は、2008 年 7 月 18 日に制定されたブータン王国憲法第 9 条第 2 項「国家はGNH の追求を可能にするような環境整備に努める」にも登場する。また GNH 概念のさらなる精緻化をめざして、1998 年にブータン学研究所が設立されている。そこを中心として、評価指標の作成をめざした GNH サーベイが行われ、2008 年 11 月に政府は、新国王ジグミ・ケサル・ナムゲル・ワンチュク（Jigme Khesar Namgyel Wangchuck）の戴冠式に合わせて、GNH インデックス／インディケーターを採択している。インデックスは、ブータンにおける幸福を構成する次の九つの次元であり、インディケーターは、幸福達成度を計測する指標である[13]。

（1）心理的幸福感
（2）時間の活用
（3）地域活力
（4）文化
（5）健康
（6）教育
（7）環境的多様性
（8）生活水準
（9）統治

第 4 章　子どもの"well-being"にかかわる教育言説の妥当性

　こうしたブータンの取り組みをはじめとして、欧米諸国の大学や民間シンクタンクを中心に、各種幸福度調査がいくつも行われており、国際比較の際には、日本が調査対象の一つとして取り上げられることも少なくない。そこでの日本の順位は、総じて低い位置にとどまっている。2006年にイギリスの新経済財団（New Economics Foundation: NEF）が発表したハッピー・プラネット・インデックス（Happy Planet Index: HPI）では、世界178 カ国中で、1 位からバヌアツ、コロンビア、コスタリカ、ドミニカ、パナマと続き、ブータンは 13 位、日本は 95 位、ちなみにイギリスは 108位、アメリカは 150 位、最下位はジンバブエであった。

　そして『日本の子どもの自尊感情はなぜ低いのか』において古荘は、日本の子どもは、「幸福度が最低レベル」[14] であると述べている。その根拠は、後述するユニセフの調査によってもたらされた。「日本の子どもは幸福度が低い」という言説は、新聞や雑誌において大々的に報じられたことに加えて、テレビ番組（例えば 2009 年 10 月 31 日に NHK 教育テレビで放送された ETV50「子どもサポートネット『世界の"子ども支援"〜日本はどうする？〜』」）を通して広く知られたことで、マスメディアと我々の日常的な言説空間の両方にまたがって、すぐに「定説」としての地位を獲得した。学術的な文献を典型とする専門的研究者の言説空間の中でも、これと視点を共有する事例は、簡単に見つけることができる。しかしこの言説の取り扱いには、相当の慎重さが必要である。では、その理由を述べていくことにしよう。

　2007 年 2 月にユニセフのイノチェンティ研究所（イタリア・フィレンツェ）は、先進国の子どもの幸福度（well-being）に関する調査の結果を発表した。過去には、子どもの幸福度の代理尺度として、主に所得、あるいはその裏返しとしての貧困が用いられてきた。これに対してユニセフ

の調査では、子どもの幸福度について、次の六つの次元を設定し[15]、既存の調査の中から合計 40 の指標を抽出して、そのデータを合成し、総合的に評価している。

　　次元 1：物質的な幸福
　　次元 2：健康と安全
　　次元 3：教育的な幸福
　　次元 4：家族と友人関係
　　次元 5：行動とリスク
　　次元 6：主観的な幸福

　この調査で言う幸福の概念は、児童の権利に関する条約（子どもの権利条約）に依拠しながら作成された包括的なもので、例えば所得は、次元 1 の「物質的な幸福」の一つの指標に過ぎない。実際に、この調査の「主要な発見」の一つは、「子どもの幸福度と国民一人当たりの GDP との間には、明確な関係はない」[16] という点が明らかになったことにある。また幸福と幸福感が区別されていることも注目される。幸福感に相当するのは、次元 6 の「主観的な幸福」であり、幸福は、それよりもずっと包括的な概念である。

　この調査では、OECD に加盟する 21 カ国中、幸福度 1 位にランクされたのはオランダであり、次いでスウェーデン、以下デンマーク、フィンランド、スペイン、スイス、ノルウェーと続く。最下位はイギリス、アメリカは 20 位であった[17]。

　では日本の子どもの幸福度は、どう評価されたのか。実は日本を含む 9 カ国（日本以外は、オーストラリア、アイスランド、ルクセンブルク、メキシコ、ニュージーランド、スロバキア、韓国、トルコ）については、参加

第4章　子どもの"well-being"にかかわる教育言説の妥当性

していない調査項目が含まれていたために、総合評価の対象から除外されている。しかしいくつかの指標については、日本の結果も示されている。そこで最も目を引くのは、次元6の「主観的な幸福」に関する結果である。次元6は、六つの指標から成り、そのうち日本の結果が示されているのは、次の三つである[18]。

(1) 学校ではよそ者だ（またはのけ者にされている）と感じている（I feel like an outsider or left out of things）
(2) 学校は気おくれがして居心地が悪い（I feel awkward and out of place）
(3) 孤独だと感じる（I feel lonely）

そして「孤独だと感じる」と答えた子どもの割合は29.8％にものぼるとされ、OECD平均の7.4％と比べて突出して高い[19]。もちろん1位であり、2位はアイスランドの10.3％、以下ポーランド8.4％、カナダ7.6％、ハンガリー7.3％、オーストリア7.2％と続き、最も低いのはオランダの2.9％であった。この結果が、衝撃的なものとして受けとめられ、日本の子どもの幸福度の低さを象徴する数値として、各所で盛んに紹介された。しかしこのような解釈が妥当であるかどうかについては、大いに疑問がある。

そもそも「孤独だと感じる」と答えた子どもの割合に関するデータは、PISA2003の「生徒質問紙」の問24（セクションD「あなたが通う学校」）から採られた。日本語版報告書によれば、問24は、「あなたは学校生活の中で、どのように感じていますか。それぞれについて、あてはまる番号に一つ○をつけてください」というもので、次の（1）から（6）までについて、「とてもそうだと感じている」は1、「そうだと感じている」は2、「そうは感じていない」は3、「全然そうは感じていない」は4に○を

89

つけることになる[20]。

(1) 学校ではよそ者だ（またはのけ者にされている）と感じている
(2) 学校ではすぐに友達ができる
(3) 学校の一員だと感じている
(4) 学校は気おくれがして居心地が悪い
(5) 他の生徒たちは私をよく思ってくれている
(6) 学校はいつも退屈だ

　ここで、次の意外な事実が判明する。すなわち "I feel lonely" という質問項目は、日本語の質問紙では「孤独だと感じる」ではなく、どういうわけか「学校はいつも退屈だ」となっている。29.8％という数字は、「孤独だと感じる」ではなく、「学校はいつも退屈だ」と回答した子どもの割合である。また（1）から（5）までが、「学校への帰属意識」を表す指標として共通しており、結果の分析も行われているにもかかわらず、(6)については「問24（6）の項目は分析から除いた」と述べられているだけで、その理由すら不明である[21]。
　国際比較調査には常に翻訳の問題がつきまとうとしても、"I feel lonely"と「学校はいつも退屈だ」のニュアンスの違いは決定的であり、「質問項目は、国際比較が可能な範囲で、各国の教育文化や生活の実態に配慮して国際標準の表現に必要な変更を加えたものである」[22]という、その許容範囲を完全に逸脱している。この項目について国際比較を行うことは、どう考えても全く無理な話である[23]。
　とはいえ、では日本の子どもが幸福か、あるいは幸福と感じているかと問われれば、それは、必ずしもそうとは言えない。「学校は気おくれがして居心地が悪い」と答えた子どもの割合は18.1％で、OECD平均の9.8％

に比べて目立って高い。これには翻訳の問題は関係していない。「学校ではよそ者だ（またはのけ者にされている）と感じている」と答えた子どもの割合が5.9％で、OECD平均の6.7％にほぼ近く、それどころか平均を下回っていることを考えれば、ネガティビティ・バイアスの影響だと判断することも一概にはできない[24]。

Ⅳ　研究のまとめと今後の課題

本章で得られた知見は、次の二点に整理することができる。

(1) 教育の政策文書や実践の現場、また俗流心理学の議論においては、子どもの自尊感情を高めることが声高に推奨されている。しかし教育社会学の分野では、子どもの自尊感情の形成メカニズムは、各自の出身階層によって質的に異なることが解明されており、その高低について単純に受けとめることは、厳に慎まねばならない。

(2) ユニセフの調査において「孤独だと感じる」を答えた子どもの割合の高さが、日本の子どもの幸福度の低さを象徴していると考えられている。しかしその割合は、PISA2003において「学校はいつも退屈だ」と答えた子どものそれであり、国際比較に使用するデータとしては信頼性に欠けると言わざるを得ない。

「日本の子どもは自尊感情が低い」と「日本の子どもは幸福度が低い」はいずれも、「ある面ではそう言えるが、もう一面ではそうではない」程度のグレーなものである。敷衍して言えば、子どもの実態、あるいは状況（その都度の現状）に対する我々（大人、社会）の見方は、「そうかもし

れないし、そうでないかもしれない」という程度の曖昧なものでしかない。このことが了解されたのであれば、本章の目的の大半は達成されることになる。

　「日本の子どもは多忙である」と言われる。しかし「ゆとり」の強調は、子どもに「ゆるみ」を与える可能性が高い。実際に、ゆとり教育を志向してきた教育改革の陰で進行していたのは、子どもの急速な学習離れと家庭学習時間の減少、テレビ、ゲーム、パソコン、携帯電話、スマートフォンの時間のその分（以上）の増加という改革論者の意図とは全く逆の、何とも皮肉な、深刻な、事実誤認とも言える事態ではなかったか。子どもが多忙であるかどうかについては、放課後や家庭での自由時間がどのくらいあるのか、その時間をどのように過ごしているのかという生活実態調査の結果を踏まえるのはもちろん、多忙感の形成という子どもの意識メカニズムを解明した上で、改めて検討されるべきである。

注

1　山田剛史・林創『大学生のためのリサーチリテラシー入門——研究のための8つの力』ミネルヴァ書房、2011年
2　谷岡一郎『「社会調査」のウソ——リサーチ・リテラシーのすすめ』文藝春秋 2000年
3　天笠茂監修、広島県呉市立五番町小学校・二河小学校・二河中学校編著『公立小中で創る一貫教育——4・3・2のカリキュラムが拓く新しい学び』ぎょうせい、2005年、pp. 4-5.
4　同上、p. 5.
5　同上、pp. 85-87.
6　古荘純一『日本の子どもの自尊感情はなぜ低いのか——児童精神科医の現場報告』光文社、2009年、pp. 60-66.
7　同上、p. 85.
8　同上、pp. 111-127.

9 苅谷剛彦『階層化日本と教育危機——不平等再生産から意欲格差社会へ』有信堂高文社、2001年、p. 192.
10 同上、pp. 194-196.
11 同上、pp. 196-197.
12 同上、p. 199.
13 杉本均「ブータンに学ぶ幸福感と教育——伝統と近代の衝突と共生」子安増生編『心が活きる教育に向かって——幸福感を紡ぐ心理学・教育学』ナカニシヤ出版、2009年、pp. 82-102.
14 6と同じ、p. 10.
15 UNICEF Innocenti Research Centre, *Child Poverty in Perspective*: An Overview of Child Well-Being in Rich Countries, Florence: UNICEF Innocenti Research Centre, 2007, p. 2.
16 Ibid., p. 3.
17 Ibid., p. 2.
18 Ibid., p. 45.
19 Ibid.
20 国立教育政策研究所編『生きるための知識と技能2——OECD生徒の学習到達度調査（PISA）2003年調査国際結果報告書』ぎょうせい、2004年、p. 369.
21 同上、p. 278.
22 同上、p. 261.
23 このことは、すでにユニセフ側も認めている。日本ユニセフ協会のHPでは、次のように述べられている（http://www.unicef.or.jp/library/library_labo.html accessed 20 May 2015）。

　オリジナル英語版37ページ図6. 3bに関する3つの質問項目「I feel like an outsider or left out of things」「I feel awkward and out of place」「I feel lonely」については、本レポートが同統計を引用したOECD調査の際、日本国内では、レポート日本語訳版で使用されている「学校ではよそ者だ（またはのけ者にされている）と感じている」「学校では気後れがして居心地が悪い」「学校はいつも退屈だ」という訳文で調査が実施されたため、本項目の日本に関する数値は他国の数値と比較しえない可能性があるとのご指摘を、国内の専門家の方々より頂戴しました。本内容は、当協会より、ユニセフ本部と共有させていただいております。（2013年1月11日、日本ユニセフ協会広報室）

24 UNICEF Innocenti Research Centre, op cit., p. 45.

第 5 章

公立中高一貫校の学力要求
—— 適性検査に着目して

I 研究の背景と課題

　1997 年 6 月 26 日に出された中央教育審議会第二次答申「21 世紀を展望した我が国の教育の在り方について」での「選択的導入」に向けた提言（「子どもたちや保護者などの選択の幅を広げ、学校制度の複線化構造を進める観点から、中高一貫教育の選択的導入を行うことが適当である」）を受けて、学校教育法等の一部を改正する法律（＝改正法）が国会で可決・成立し、1998 年 6 月 12 日に公布、1999 年 4 月 1 日に施行されたことで、中高一貫教育の制度化が実現し、公立中高一貫校の設置が可能となった。このとき岡山県に岡山市立後楽館高等学校・中学校、宮崎県に県立五ヶ瀬中等教育学校が、最初に開校している。総合学科高校、単位制高校、科学技術高校、産業高校、昼夜間定時制高校、エンカレッジスクール（基礎的・基本的な学力を身につけるための「やり直し」支援）、チャレンジスクール（不登校や中退を経験した生徒向け）、デュアルシステム（企業と連携して在学中にインターンシップよりも長期の就業訓練を実施）、その他の新しいタイプの高校の創設、指定修業年限や通学区域制限の撤廃、入学者選抜方法の改善（「脱偏差値」）等[1]、1980 年代後半に第二次ベビーブームによるピークを迎えた生徒数の急速な減少に直面して、1990 年代に入っ

て以降に本格的に進められた高校の再編整備、すなわち後期中等教育の多様化、あるいは機能分化路線を「横の弾力化」として位置づけるとするならば、冒頭で整理した中高一貫教育制度の導入の動きは、「縦の弾力化」と言ってよい。その実施・運営形態としては、異校種間の接続の度合いに応じて、三つのタイプが想定されている[2]。

- ●中等教育学校
  - ○一つの学校として、6年間一体的に中高一貫教育を行います。
  - ○公立の中等教育学校については、学力検査を行わず、それぞれの学校の特色に応じて、面接、実技、推薦、抽選等の方法を組み合わせて行います。
- ●併設型の中学校・高等学校
  - ○中等教育学校よりも緩やかな設置形態であり、高等学校入学者選抜を行わずに[3]、同一の設置者による中学校と高等学校を接続します。
  - ○公立の併設型の中学校の入学については、中等教育学校と同様の方法で行います。
- ●連携型の中学校・高等学校
  - ○既存の市町村立の中学校と都道府県立の高等学校など、異なる設置者による中学校と高等学校が教育課程の構成や教員・生徒間交流等の連携を深める形で中高一貫教育を実施します。
  - ○連携型の高等学校においては、調査書や学力検査による入学者選抜は行わず、面接、実技等の簡便な方法で行うことができます。

しかし入学者選考・決定（中学校・前期課程入学段階でのことを指すもの

とし、高校・後期課程入学段階でのこと、すなわち高校入試については考えない)の方法に着目すると、その実態は、上述した通りには決してなっていない。とりわけ中等教育学校と併設型中高一貫校(本章において「公立中高一貫校」というタームは、この二つを指すものとし、連携型中高一貫校は除外する[4])では、「学力検査を行わず」という文言とは裏腹に、適性検査という名の事実上の学力検査[5]の結果を重要な判断材料として合否を判定することで、紛うことなき入学者選抜、すなわち正真正銘の中学入試が公然と行われている。そのため、この二つの形態は、公立でありながら、私立と同様に「選ばれる学校」、「選択された学校」としての意味合いを強く有する。同じ「じゅけん」でも私立は「受験」、公立は「受検」と呼ぶという漢字1文字の違いはあるにせよ、両者の間に決定的な違いを見出すことは、もはや誰にもできないし、それ以前に「受検」という言葉が市民権を得ておらず、結局のところ、「受験」の方で一括可能であることは、世間一般レベルで通行している語法を見る限り、すでに既成事実となっている。その証左として、一つの卑近な例を挙げるならば、旧浦和市で創業し、現在では同市と旧大宮市にまたがるさいたま市浦和区、南区、大宮区、見沼区を中心に、上尾市と蓮田市を加えた埼玉県内9地区で事業を展開するあづま進学教室(春日部市で英進セミナーとして創業し、現在では旧与野市にほぼ相当するさいたま市中央区に本部を置くスクール21と並んで、「埼玉の入試を知り尽くした」と自ら豪語する地場大手)には、「埼大附属中・公立中高一貫校<u>受験</u>」(下線は筆者による。直下の引用文でも同じ)のための小学5・6年生向けクラスが設けられているし、同教室の新聞折込広告(2016年1～3月中に、何度か筆者の自宅に届けられたもの)には、次のような記載が見られる。

 2019年春 新小4生から<u>受験</u>可能な完全6年一貫教育校

第5章　公立中高一貫校の学力要求

さいたま市立中等教育学校（仮称）開校！　定員160名
"さいたま市から世界に飛躍するグローバル人材の育成"を柱とする中等教育学校が、新4年生の生徒が中学生になるときに開校します。中等教育学校を含めた、浦和中・伊奈学園中・埼大附属中の受験対策は、合格実績 No.1の「あづま進学」へ！

　周知のように、改正法の採決に際しては、1998年5月22日の衆議院文教委員会と同年6月4日の参議院文教・科学委員会において、学校教育法等の一部を改正する法律案に対する附帯決議が付されており、そこでは、「受験準備に偏したいわゆる『受験エリート校』化など、偏差値による学校間格差を助長することのないように十分配慮すること」、「入学者の選抜にあたって学力検査は行わないこととし、学校の個性や特色に応じて多様で柔軟な方法を適切に組み合わせて入学選抜方法を検討し、受験競争の低年齢化を招くことのないように十分配慮すること」（いずれも衆院でのもの。参院でのものは、前者の最後が「十分に配慮すること」となっている。後者の全文は、「入学者の決定に当たって学力試験を行わないこととし、学校の個性や特色に応じて多様で柔軟な方法を適切に組み合わせて入学者選抜方法を検討し、受験競争の低年齢化を招かないように十分に配慮すること」である）の二点が明示されていた。
　しかしそもそも公立中高一貫校の設置が求められた背景には、例えば東京都の場合であれば、私立中高一貫校が、そのメリットを活用して難関国公立大学や有名私立大学への進学実績を伸ばす一方で、1967年の学校群制度の導入以降、それまで高い社会的威信を得てきた名門都立高校（戦前のナンバースクールに起源を持つ伝統校）が弱体化し、凋落の一途を辿り、都立高校それ自体はもちろん、公立中学・高校全体の劣勢が顕著になったために、「公立離れ」を防ぎ、その「復権」を実現することが急

務となっていたという差し迫った地域事情があった。それだけに、優秀な子どもの獲得、あるいは早期の囲い込み、その結果としてもたらされる学校の等質集団化のための高倍率のセレクションが、公立中高一貫校を舞台にして当たり前のごとくに行われ、黙認され続け、それどころか平均的な所得階層に属する家庭のニーズ、より詳しく、しかし平たく言えば、子どもに私立並みの「よりよい」、「質の高い」教育を受けさせたい、でも入学金や授業料等の教育費にそれほどお金をかけられない保護者、親／父母の教育戦略に応えるものとして歓迎され[6]、やがて年中行事として定着するようになっていったのは、むしろ当初の予定通りであり、また大方の予想通りであるという方が正しい。

　ただし公立中高一貫校の適性検査の出題内容にまで目を向ければ、そこからは、従来の教科別学力試験を踏襲する私立中学入試（こうした現状認識には、当然異論があるであろうし、それがもはや個別の事例の実態を正確に反映していないことは、筆者もまた十分に承知している[7]。ここではとりあえず、あえて比較すれば、また大づかみに言えば、ほぼこの通りであろうという程度の納得の上で、先を読み進めていただきたい）との相違点を明瞭に看取することができる。議論を先取りして言うと、公立中高一貫校の適性検査では、国語や算数といった各教科の問題に代わって、教科横断的な問題を解くことが要求される。この点は、以前に我が子の中学受験を経験した、あるいは今後にそれが控えている保護者の間では、大手進学塾や各種メディア（手頃で手軽な紙媒体の一つである雑誌であれば、日能研『進学レーダー』、四谷大塚『Dream Navi』、栄光ゼミナール『進学通信』等の業界誌を中心に、『AERA』の特集記事、『週刊東洋経済』、『週刊ダイヤモンド』といった経済・ビジネス誌の特集号や『プレジデント Family』、『AERA with Kids』、『日経キッズプラス』、『ducare／デュケレ』、『edu／エデュー』のような子育て・教育誌が加わる）が発信する情報のシャワーを浴びせられ、

「少しでも我が子のためになれば」と思って受け入れ続けた結果、もはや誰もが知るところの共通理解となっている。では教育学研究者の間においてもまた、同様の理解が同程度に広がっているのかどうか。一概に、そうとは言えない。それどころか教育学は、現在の研究水準では、中学受験のリアリティーに全く迫ることができていない。

　もっとも公立中高一貫校志望の子どもを持つ圧倒的大多数の保護者は、私立中学入試との間にある「傾向と対策」[8]の違いを理解しているのであって、国の中等教育改革や自治体レベルでの地域教育改革の動向に照らして、「どのような問題が出るのか」、「この問題は、何を問うているのか」、「いまなぜ、ここで、それが問われなければならないのか」を深く洞察し得ているわけではない。もちろん専門の教育学研究者でもない限り、そもそも彼／彼女らには、その必要が全くない（ともかく我が子が志望校に合格することが第一なのだから）。そして関連する教育学分野の文献を渉猟してみると、公立中高一貫校の、いわゆる「入り口／アドミッション」の段階のあり方に言及している取り組みが、ほぼ皆無であることに、直ちに気づかされる。公立中高一貫校に関する先行研究は、もともと数自体が少なく、しかもその設置経緯と量的拡大のプロセスを取り上げたものばかりが目立っている[9]。本章の取り組みは、こうした研究状況の不備を補うことを意図して、主に教育方法学の立場から遂行されるものである。

　入試とは、本来教育課程（カリキュラム）評価として位置づけられるべきであり、上級校（受け入れ校）における診断的評価としての意味を持つと同時に、下級校（送り出し校）での学力保障を迫るものでなければならない。このような基本的立場を確認した上で、本章では、公立中高一貫校の入学者選抜段階で実施される適性検査が、志願者に対して求めている学力（学力要求）の内実を把握することを課題とする。行論に即して

言えば、公立中高一貫校の適性検査の特徴の根幹について、その最大公約数的な部分を抽出した上で、東京都立白鷗高等学校附属中学校（＝白鷗中学校）のケースをサンプルとして、適性検査における出題の実態を把握する。ただし本章では、実際の試験問題それ自体を転載することは一切していない。作業は、出題の方針、ねらい、要点を確認するところまでに意識的にとどめている。なぜなら設問によっては、媒体種別にかかわらず、問題（文）の全部、あるいは一部が非公開であることから、すべてが著作権の上で法的に保護されているか、あるいはそのような箇所を含むことが確実である場合や、例えば書物の中では公開されていても、インターネット上では閲覧不可である（これとは逆のケースもある）など、対応がまちまちで、権利の所在と使用許諾方針がはっきりしない場合が見られるからである。

II 出題の全体的傾向・意図・背景

本節では、公立中高一貫校の適性検査にかかわって、次の三つの問いに対する回答を順次提示する。

(1) どのようなテーマ・事項を扱った問題が出されているのか。
(2) 子どものどのような資質・能力を測定しようとした問題が出されているのか。
(3) どの学校でも、似通った問題が出されているのはなぜなのか。

まず (1) について。
この問いに対する一つの回答は、「公立中高一貫校に強い」ことで知られる進学塾 ena／エナ（「教育網連合」と訳出される education network association

の頭文字をとった略称。東京都新宿区に本社が所在する学究社の運営で、城西・多摩地区を中心とした都内全域と埼玉県、千葉県、神奈川県内の政令指定都市及び中核市に多数開校)が監修した「対策問題集」の構成(「もくじ」)に反映されている。「この本は、公立中高一貫校の『適性検査』問題を分析し、8つの大きなテーマを設定しています」。

テーマ1　規則性に関する問題
　①長さや個数などの規則性を見つけて活用する問題
　②数字の規則性を見つけて活用する問題
　③規則性を説明する問題
　④文字や数字を表す規則を見つけて活用する問題
　⑤図形に関する規則性を見つけて活用する問題

テーマ2　図形と空間に関する問題
　①図形の基本性質をふくむ問題
　②図形の大きさにもとづく問題
　③立体をイメージする力
　④図形の移動をイメージする問題
　⑤組み合わされた図形

テーマ3　環境・社会に関する問題
　①食生活と食料自給率をテーマにした問題
　②日本の産業をテーマにした問題
　③少子高齢化・福祉をテーマにした問題
　④地球温暖化をテーマにした問題
　⑤リサイクル・省エネルギーをテーマにした問題

テーマ4　自然現象・科学に関する問題
　①植物・動物、生物のつながりに関する問題

②物質の性質や状態を題材にした問題
　③太陽や月の動き、見え方に関する問題
　④力や光、電気を題材にした問題
　⑤実験や観察の方法、器具の操作に関する問題
テーマ5　コミュニケーション・企画立案に関する問題
　①行動の計画や案内をテーマにした問題
　②地図の読み取りや情報の伝達をテーマにした問題
　③言葉づかいや文字の知識に関する問題
　④国際化・留学生との交流などをテーマにした問題
テーマ6　歴史や伝統・生活の科学に関する問題
　①歴史上の出来事や人物に関する問題
　②ふりこの性質を題材にした問題
　③てこのつり合いを題材にした問題
　④世界遺産を題材にした問題
テーマ7　放送による聞き取り問題
　放送を聞き、情報を理解できたかを問う問題
テーマ8　読解・作文に関する問題
　①筆者の主張をふまえ、自分の体験をもとに意見を書く問題
　②筆者の主張に対して、自分の意思を表示する問題
　③身近なテーマについて、自分の考えを書く問題[10]

　このテーマ分類とそれぞれの下位に設定されている項目の双方が、どの程度妥当であるのかについては、正直なところ、よくわからない。ただし筆者が、いくつかの類書[11]と比較・照合した限りでは、見出しの文言、大小の柱の立て方や数の違いこそあれ、ほぼ同様の視点が採用されていることが判明した。また「適性検査は算数型・理科型・社会型・国

語型・情報分析型・企画立案型の６パターンがあり、(中略)一般に公立中高一貫校の入学試験の適性検査問題の種類は、おおよそ以下のａからｅに分類できる」という教育学的知見との間にも、それほど大きなズレは見られない。

　　ａ．資料を読み解く問題
　　ｂ．筋道立てて考える問題
　　ｃ．日常生活における問題解決
　　ｄ．教科知識活用問題
　　ｅ．読解問題及び、読解に基づいた作文問題[12]

　次に（２）について。
　『論理思考の鍛え方』において小林公夫は、小学校（「お受験」）から大学までの各段階の入試、企業採用試験、国家公務員Ｉ種試験、ロースクール適性試験、医師国家試験等で問われる「能力因子」を七つに類型化している。

　　1　推理能力
　　2　比較能力
　　3　集合能力
　　4　抽象能力
　　5　整理・要約能力
　　6　直感的着眼能力
　　7　因子順列能力[13]

　そして『公立中高一貫校』において小林は、これらは、「従来」の「公

立中高一貫校の入試についても例外ではなく妥当するものでした」と述べている。さらに同書において小林は、「ここ数年の公立中高一貫校の問題を詳細に分析してみると、私が想定した従来型の能力因子だけでは説明のつかない能力因子、換言すれば新しい『資質』が問われ始めていることに気づかされました」と述べて、新たに七つの資質・能力が問われるようになったことを指摘している。

1　判断推理力＋空間把握力
2　集合能力＋観察力
3　図解化力＋分析力
4　異文化を理解する力
5　弱者に対し温かい視点を持つ力
6　複数の対立する価値を比較し利益を衡量する力
7　自分の考えを他人に伝える力 [14]

　小林の二つの著書以外では、「適性検査で問われる3つの力」として、「読み取る力」、「気づく力」、「伝える力」を挙げているものもあるし [15]、早稲田進学会／朝日学生新聞社の「対策シリーズ」が、「作文力」、「分析力」、「思考力」、「考察力」の「4冊セット」で、あるいは「朝日小学生新聞の学習シリーズ」という別称を冠せられて、それぞれ「〇〇力」ごとに分冊で刊行・販売されている事実も見逃すことができない [16]。それでも管見の限りでは、たとえどのような整理をしようとも、全体として見れば、それらの間に決定的な違いはないように思える。そして公立中高一貫校の適性検査では、正解を出すことそれ自体もさることながら、正解に至るまでの論理的思考のプロセスが重視されており、小学校で学び、身につけた知識・技能をフル活用して、文章、画像、図表、統計等

の各種資料をきちんと読み解き、多量の情報を迅速に処理し、自らの立ち位置や軸足を定め、考えをまとめ、(頭の中で、そして紙の上で) しっかりとした論理を組み立て、理路整然と展開し、他者に対して自分の意見・主張を力強く表明・発信する力が試されていると結論することができる。

最後に (3) について。

公立中高一貫校の適性検査の問題が、いつでも、どこでも、どれも似通ったものになるのは、そのあり方の許容範囲が、学校の組織・機制の大本との関係で、あらかじめ狭められていることに起因している。東京都内に既設の公立中高一貫校全 11 校中の 9 校 (白鷗高等学校・附属中学校は後に回し、「心・知・体の調和」を掲げるだけの南多摩中等教育学校は除外したため、対象が 2 校減となる) の「学校の目標・教育理念」には、次の一節が含まれている (白鷗、南多摩の両校も含めて、特に断りのないものはすべて都立である)。

両国高等学校・附属中学校:「将来、世界的視野をもって様々な分野でリーダーとなる人間を育てる」

小石川中等教育学校:「自主自立の気概を身に付け、卒業後も自ら人生に果敢に取り組んでいく生徒を育成」

桜修館中等教育学校:「世界の中の日本人としてのアイデンティティをもって進んで国際社会に貢献しようとする態度を培う」

武蔵高等学校・附属中学校:「『社会に貢献できる知性豊かなリーダー』の育成を目指す」

立川国際中等教育学校:「国際社会に貢献できるリーダーとなるために必要な学業を修め、人格を陶冶する」

富士高等学校・附属中学校:「自ら判断し挑戦する精神を高める」
大泉高等学校・附属中学校:「我が国の文化を理解し、他国の文化・伝統を尊重する態度を養い、国際的な視野を培う」
三鷹中等教育学校:「思いやり・人間愛(ヒューマニティ)を持った社会的リーダーの育成」
千代田区立九段中等教育学校:「豊かな教養と高い志を身に付けさせ、自己実現に向かって創造的・意欲的に行動できるリーダーとしての資質や能力を育成する」[17]

このように東京都内の公立中高一貫校は、露骨なまでにエリート主義的であり、しかもそれを全く隠そうともせず、逆に公言することで、主体的で意欲的な「強い個人」[18]、社会のリーダー、グローバル人材の育成を明確に志向している。さらに付け加えるならば、立川国際中等教育学校に附属小学校を設ける形で、2022年度に開校する予定の都立小中高一貫校の場合も、都立小中高一貫教育校基本構想検討委員会での議論の中で、「理数教育」から「英語教育」へと重点の置き所が移動したものの、その「看板は『エリート教育』」のままである[19]。

「中間まとめ」(2013年8月)[20]
　(1) 教育理念
　　　理数を中心に、一人一人の資質や能力を発見し伸長させ、世界に伍して活躍し貢献できる人間を育成する
　(2) 育成すべき生徒像
　　　理数分野における優れた資質や能力を高め、将来、我が国の科学技術の発展をけん引するとともに、世界に貢献し得る人間
　(3) 教育方針

○科学で社会をけん引する人間を育てる
○思考力、判断力、表現力を鍛え、世界で活躍する力を育てる
○優れた資質や能力を最大限に伸ばす
○我が国の歴史や文化を尊重し、主体的に社会の形成に参画する態度を養う

「検討結果」(2015年11月)[21]
(1) 教育理念
　次代を担う児童・生徒一人一人の資質や能力を最大限に伸長させ、世界で活躍し貢献できる人間を育成
○高い語学力
○豊かな国際感覚
○日本人としての自覚と誇り
(2) 生徒の将来の姿
　高い語学力を活用して世界の様々な人々と協働するとともに、論理的な思考力を用いて、諸課題を解決し、様々な分野で活躍する人材
(3) 教育方針
○高い語学力と豊かな国際感覚を育てる
○思考力、判断力、表現力を鍛え、世界で活躍する力を育てる
○日本人としての自覚と誇りを持ち、主体的に社会の形成に参画する態度を養う
○児童・生徒の資質や能力を最大限に伸ばす

　隣県に目を向けると、埼玉県では、さいたま市立浦和高等学校・中学校が、「学校教育目標」として、「高い知性と豊かな感性・表現力を備えた国際社会に貢献できる生徒の育成」を掲げている。

知性
　6年間の一貫した教育活動を展開し、高い知性と豊かな教養を身に付けさせる。
創造
　高い志をもち、人間性豊かな創造性あふれる人材を育成する。
活力
　豊かな感性・表現力を備え、国際社会に貢献できる活力ある人間を育成する[22]。

またさいたま市立大宮西高等学校（2013年度から、さいたま市教育委員会が指定するグローバル化先進校として、「国際交流の充実と外国語運用能力の育成」、「これからのグローバル社会で必要なICT活用能力に基づき、世界へ情報を発信できる力の育成」をめざした取り組みを展開中[23]）の「充実発展」を「期待」して、2019年度に開校する予定の市立中等教育学校の「育てたい生徒像」は、「さいたま市から世界へ飛躍するグローバル人材」となっている。

○グローバル化が進む社会の中、日本の文化を理解し世界の舞台で活躍できるリーダーとなる人材
○豊かな人間性と社会性を備え、「知・徳・体・コミュニケーション」のバランスのとれた人材
○さいたま市の魅力を世界に発信し、将来のさいたま市を支え、その力をさいたま市に還元できる人材
○自分で考え、自分で起業するような、自立心と知的好奇心をもった人材[24]

なお埼玉県には、上述した2校に加えて、もう一つ、県立伊奈学園総合高等学校・伊奈学園中学校がある。伊奈学園総合高等学校は、もともとが1984年度に全国で最初に設けられた総合選択制普通科高校であり、2003年度に伊奈学園中学校を併設している。そこでは、何より生徒の個性を伸ばすことに重点が置かれていて（校訓「自彊創生」、「自ら努め励み、自らをも新しく創り生み出すこと」、「努力することによって、個性を最大限に開花させ、自己実現を図ってほしいという願いがこめられています」、教育目標「一人一人の個性を伸ばし」、教育方針「個性の伸長と学力の向上に努める」[25])、中高一貫教育よりもむしろ、学系システムの導入、ハウスへの所属、広大な敷地と充実した施設・設備等、他方面でのユニークさの方がずっと際立っている。また中学校の入試では、適性検査は行われておらず、第一次選考で作文Ⅰ・Ⅱ、第二次選考で面接が課されている。ただし作文と銘打ってはいるものの、その試験は、「過去の入学者選考問題（問題用紙、解答用紙、出題のねらい。正答と配点）」[26] を見れば明らかなように、形式と内容の両方において、他校の適性検査に相当するものと見て全く差し支えない。

さらに千葉県（全3校）では、県立千葉高等学校・中学校が「千葉から、日本でそして世界で活躍する心豊かな次代のリーダーの育成」、千葉市立稲毛高等学校・附属中学校が「真の国際人の育成」、県立東葛飾高等学校・中学校が「グローバル社会で活躍するための基礎」の「涵養」、「世界で活躍する心豊かな次代のリーダーの育成」、神奈川県（全4校）では、県立相模原中等教育学校、県立平塚中等教育学校、川崎市立川崎高等学校・附属中学校が、それぞれ「次世代を担う人材」、「次世代のリーダー」、「国際都市川崎をリードする人材」の「育成」、横浜市立南高等学校・附属中学校が「国際社会で活躍するリーダーの育成」を

めざした教育活動を展開している[27]。

　首都圏の公立中高一貫校の設置理念・目的が、相互に極めてよく似ていることは、もはや明らかであろう。しかもこうした状況の大勢は、北は北海道、東北（例えば北海道立北海道登別明日中等教育学校、青森県立三本木高等学校・附属中学校、岩手県立一関第一高等学校・附属中学校等）から南は九州、沖縄（例えば宮崎県立宮崎西高等学校・附属中学校、鹿児島県鹿児島市立鹿児島玉龍高等学校・中学校、沖縄県立与勝高等学校・与勝緑が丘中学校等）に至るまで、全国各地の事例を縦覧してみても何等変わりがない（2016年3月28日の時点で、上述した6校を含む各校開設の公式ホームページのうち、閲覧可能な状態にあり、また放置され続けることなく、定期的に情報が更新されていて、即応性や信頼性が担保されているとみなし得るものすべてを筆者が順次チェックしていった結果による）。すなわち公立中高一貫校の適性検査において、コンピテンシー（OECDのキー・コンピテンシーを想起すれば間違いない）とそれにつながるリテラシー（PISA型学力、活用型学力であり、今日的な意味での「読解力」[28]にほかならない）、換言すれば、実社会においても通用する汎用的な資質・能力の基礎を診断するのに適した問題が一斉に案出されるのは、必然的なこととみなされるべきである。

III　出題の個別実態

　白鷗高等学校・附属中学校は、1888年12月に創立された東京府高等女学校に起源を持ち、都制の施行や男女共学の実施等に伴う設置主体と何度かの校名の変更を経て、1950年1月に改称された東京都立白鷗高等学校を母体とし、2005年度に附属中学校を設置して、東京都内で最初に開校した併設型の公立中高一貫校である。同校は、2010年度（完成年度）

をもって高校を卒業した一期生（中高一貫生は約 160 人、高入生まで含めると約 240 人）が、2011 年度大学入試において、東大に 5 人、東工大に 3 人、一橋大に 2 人、早慶上智に 66 人も見事現役で合格し、その他の大学にも例年を大きく上回る数の合格者を出す快挙を成し遂げて（「若井文隆校長」が「語る」ところによれば、「白鷗高校が中高一貫校になる前までは、東大はもちろん、一橋大や東工大といった難関国公立の合格者も過去 10 年以上出ていませんでした」）、「私立や受験塾から」寄せられた「公立が私立中高一貫校の真似をしたとしても、果たしてどれほどの成果が挙がるのか、という冷ややかな視線」や「懐疑的な雰囲気」を一気に吹き払い、「白鷗ショック」、「白鷗サプライズ」と呼ばれる現象を引き起こしたことで知られる[29]。その「教育方針」は、次の通りである。

 本校の教育理念「開拓精神」のもと、
 ・自らの意志と努力をもって自己を開発していく精神
 ・いかなる苦難にも耐えて自己の人生を切り開いていく力
 ・社会の進展に寄与する旺盛な意欲
 を持つ、社会でリーダーとして活躍できる、チャレンジ精神溢れる生徒の育成を目指しています[30]。

そして白鷗高等学校・附属中学校は、2016 年 2 月に東京都教育委員会から、目標「生徒一人一人の能力を最大限に伸ばす学校づくりの推進」のための具体的な目標「国際色豊かな学校の拡充」、取組の方向（施策）「国際色豊かな教育環境の整備」の対象校に、公立中高一貫校としては唯一、新たに指定されている（新実施計画における取組「中高一貫教育校の充実」2016 〜 18 年度）。

白鷗高校・附属中学校において、日本人としてのアイデンティティの育成や国際交流、英語教育などに重点を置いた特色ある教育の更なる充実を図ります。また、帰国生徒や外国人生徒の受入れなどを行い、国際色豊かな学習環境を実現します[31]。

　これを受けて（「『都立高校改革推進計画・新実施計画』の平成30年度実施に向けて」）、「平成28年度東京都立白鷗高等学校及び附属中学校経営計画」では、「目指す学校」の姿として、「世界へ羽ばたくリーダーたちの学び舎」、「伝統からグローバルな未来へ」というスローガンの下、(1)「6年間の系統的な教育、自己実現を図る学校」、(4)「地域に根ざし、開かれた学校」とともに、次の二点が設定されている。

(2) 創造性豊かで開拓精神に富んだ人格の涵養を目指し、**未来社会のリーダーとなる人材**を育成する学校。
(3) 多様性を尊重し、日本の伝統・文化や異文化への理解を深め、**国際社会に貢献する有為な人材**を育成する学校[32]。

　すなわち白鷗高等学校・附属中学校もまた、東京都内の他の公立中高一貫校と同様に、将来の我が国社会を力強く牽引（けんいん）し、困難や障害を克服し、その発展に寄与するフロンティアリーダー、日本の伝統や文化を踏まえつつ、未来へ、そして世界へ羽ばたくクリエイティブなパイオニア、国際競争が進み、国際協力が求められる時代をバランスよく、たくましく生き抜き、地球規模で行動・活躍するグローバルな日本人の育成をめざしている。

　こうした目標・理念は、2016年度白鷗中学校入試の適性検査（2016年2月3日実施、一般枠）の問題の有り様に、忠実に反映されている。次の

文書からは、そのことを明瞭に看取することができる[33]。

平成28年度東京都立白鷗高等学校附属中学校の適性検査問題の出題の基本方針等

1　出題の基本方針

(1) 小学校等で学習した内容を基にして、思考・判断・表現する力をみる。
(2) 与えられた課題を解決するための、分析・考察する力をみる。
(3) 身近な事象の中から課題を発見し、それを解決するための方法を考えることを通して、思考・判断する力や自分の意見を適切に表現する力をみる。

2　適性検査問題の出題の方針、問題の構成及び主なねらい
　出題の基本方針を踏まえ、以下のとおり適性検査Ⅰ及び適性検査Ⅱを実施する。

適性検査Ⅰ（45分）

(1) 出題の方針
　　課題を発見し、それを解決する方法について自分の考えや意見を正しく表現し、的確に文章にまとめる力をみる。
(2) 問題の構成及び主なねらい
　・大問を1問とし、小問3問で構成する。
　・与えられた文章を正確に読み取り、問われていることについて、決められた字数でまとめる力をみる。
　・与えられた文章を踏まえ、自分自身の体験に基づき、自分の考えや主張を400字以上450字以内で書く力をみる。

適性検査Ⅱ（45分）

(1) 出題の方針
　　資料から情報を読み取り、課題に対して思考・判断する力、論理的に考察・処理する力、的確に表現する力などをみる。
(2) 問題の構成及び主なねらい
　・大問を3問とし、小問9問で構成する。

・渋滞を題材とし、決まりを理解し運用する力、速さについての理解、言葉・数・式を用いて考えて説明する力、数理的な処理の力をみる。
・世界遺産を題材とし、複数の資料（図表や地図など）から読み取った情報を関連付けて、時系列、空間の広がりの面から考察し、表現する力をみる。
・チョウを題材とし、資料を読み解き推察する力、実験結果を分析し考察する力、それらを的確に表現する力、課題を総合的に解決する思考力、判断力をみる。

また書店に居並ぶ、お馴染みの「声教の中学過去問シリーズ」（各冊の裏表紙にて、「最も選ばれている過去問題集」と自称しているが、その看板に偽りはないはずである）の白鷗中学校版では、2016年度同校入試の適性検査で出された問題の「ポイント」が、次のように整理されている。

適性検査Ⅰ（各校独自問題）
　出典は、原研哉『デザインのデザイン』（約650字）、後藤武・佐々木正人・深澤直人『デザインの生態学』（約1900字）による。
　2種類の説明文を読んだ上で、読解題2問に答え、さらに作文するというスタイルである。
　分量について見ると、全体の記述量は600〜700字程度となっている。
　次に内容を見ると、読解題では、筆者の考え方を100字程度でまとめるものが出されている。作文では、必ず入れなければならない内容などが細かく指定されているので、注意深く取り組む必要がある。

適性検査Ⅱ（共同作成問題）
　1　条件の整理、速さ、グラフ
　2　室町時代の戦乱、京都の地図、自然環境の変化
　3　アゲハの成長の観察についての問題
大問数は3題、小問数は9問である。
大問1は、交通渋滞を題材とした文章を読み、交通渋滞が発生する理由を考え、それを踏まえての応用問題に答えるという構成になっている。大問2は、カラフトマスの数の変化を表す表や、京都の現在と過去の地図などの資料を見て答える問題、大問3は、アゲハの体のつくりや成長の様子について考察するものである[34]。

このように白鷗中学校の適性検査では、暗記や単純処理だけで対応することができる穴埋め、選択、正誤、組み合わせ、並び替えの問題（ジグソーパズル型）ではなく、また（超）難問、奇問、珍問と揶揄されるようなものでもなく、小学校で身につけた知識・技能と思考力、判断力、表現力を駆使して問題解決を図る教科横断的な総合問題、想像力を存分にはたらかせて、説明文、会話文、統計資料、実験データを読み解き、主体的・積極的に考え、自分なりに正しく判断し、文章や数式で論理的・説得的に表現する論述式（記述式）問題（ブロックパズル型）が出されている。これらはまた、答えが一つとは限らない、それどころか一人ひとり違って当然であるかのような問題であり（そうは言っても、学校側は、正答としての許容範囲と採点基準をあらかじめ設定しているし、また一部を除いて、あくまでも「解答例」[35]をウェブサイトに公開している）、これからの社会・世界が求める創造力を問う問題であるとみなし得る。

Ⅳ 研究のまとめと今後の課題

これまでの考察の結果、次の二つの知見を導出することができた。

(1) 公立中高一貫校の適性検査では、特定教科の枠を越えた横断的・総合的・現代的なテーマを扱った応用問題が出され、国際的水準のコミュニケーション能力（国際機関において策定された学力標準）が問われている。このことは、公立中高一貫校が、グローバルリーダーの育成を教育方針の基軸に据えていることに合致している。

(2) 白鷗高等学校・附属中学校は、日本人としての自己同一性と自国への帰属意識を備えたグローバル人材の育成を志向しており、そのため白鷗中学校入試の適性検査では、やがて国際社会で通用する人間となるために必要な資質・能力として、学力の諸側面のうち、とりわけ思考・判断する力と表現する力を測ることを意図した問題が出されている。

そしてこれらが、総体として本章の結論を構成しているということができる。

最後に、公立小中一貫校が関係各方面に投げかけている諸問題のうち、今後において、できる限り早急な検討、再考、対応を要すると思われる三つの事項を列挙しておきたい。

第一に、適性検査の問題の適切さ（教育課程適合性）について。

適性検査の作問経験者は、その「難しさ」を自著で次のように語っている。「この検査は私立のような各教科の問題を出題することはできない。また、小学校の学習指導要領から逸脱した出題であってもならない」[36]。

これとは別に、フリージャーナリストによる次のような指摘も見受けられる[37]。

　適性検査においては、事前に教育委員会によって、その内容が小学校の学習指導要領の範囲内に収まっているかどうかをチェックされ、指導要領から外れていれば、問題の作り直しが求められることもある。原則として、小学校の授業を受けていれば受験できるような問題作りを目指している。

そして適性検査の問題は、2008年版小学校学習指導要領にある言葉を借りれば、「基礎的・基本的な知識及び技能」をどの程度身につけているか、それを答案用紙上でどれほど忠実に再現することができるかよりも、むしろ「これらを活用して課題を解決するために必要な思考力、判断力、表現力その他の能力」をどのくらい育めているか[38]、すなわち学力の量よりも質、低次の単純な学力よりも高次の複雑な学力、学業達成、アチーブメント、保有能力よりも習得可能性、パフォーマンス、発揮能力としての学力を念頭に置いて作られている。

しかし塾関係者(「難関校受験専門の進学塾」、「本格的進学塾」を自ら謳い、「『千葉中対策模試』を実施した誉田進学塾(千葉市)の清水貫代表」)が、「『小学校で習う内容とは似ても似つかない』と言い切る」ほどであることから明らかなように[39]、実際の出題レベルは、教育課程の基準である学習指導要領、それに完全準拠した教科書と副(補助)教材、普通の公立小学校において日常的に行われている授業の水準をはるかに越えており、かなり難易度が高いと言わざるを得ない。加えて適性検査では、制限時間内に解答を終えることが容易でないどころか、むしろ全部できなくて当たり前と思えるほど、大量の論述問題、文章問題が出されること

が常となっている（「問題を見わたしたとき、例年その量の多さにびっくりする」[40]）。「これを小学校卒業段階で、どこまで問えるのか」。現物を目にした大人の誰しもが、疑念を込めて、こうしたつぶやきを禁じ得ないはずである。

　第二に、公立中高一貫校に入るための塾通いとその弊害について。

　公立中高一貫校が推奨された背景には、「中等教育をゆとりのあるものに」という教育的理由と「私立に勝る大学進学実績を」という対抗的理由が、建て前と本音の二大理由としてあった（もう一つ付け加えるならば、地域社会活性化等の柱にしようという地域的理由が挙げられる）。この表現が適切でないならば、公言される理由と隠れた目的と言い換えてもよい。そしてそのいずれもが、もっともらしく思われるかもしれない。しかしメリットには、本当に達成される見込みも保証もなかったのに対し、重大なデメリット、すなわち中学校入学段階での選抜が必要となり、その結果、進路選択の問題と受験準備教育が小学校段階に降りてくる可能性が現実のものとなることは、当初の段階から確実視されていたし、いまではすっかり、まさにその通りとなっている（これを危険視するかどうかは、最終的には価値観の問題である。論理的にどちらが、また何が正しいと言える性質のものではないし、たとえ積極的には支持し難いにしても、無下に否定することはできない）。

　風説によれば、私立中学をめざすならば、新年度が開始する小学3年生の2月に入塾して（新4年生扱い）、合格に向けた受験準備をスタートするのがよいらしい[41]。それに対して公立中高一貫校をめざすのであれば、5年生からで十分、6年生からでも間に合うと言われている（「塾不要」、「公立中高一貫校を目指すなら、親が自宅で勉強をみてやるのが一番いい」と考える父親による息子の合格体験記も出版されている[42]）。ただいずれをめざすにせよ、「小学校の勉強だけで突破するのが容易でないことには

変わりがない」。進学塾に通って「訓練」を積まなければ、どちらにも対応できないのだ（先に登場した清水曰く、「訓練が必要です」）。子どもの幸せを第一に考える親であれば皆、「こんな早くから選別されてかわいそうに」、「挫折感は味わわせたくない……」と思うはず[43]。しかし、だからこそ逆に、「降りる」[44]ことを選択しなかった、あるいは引っ込みがつかなくなって、そうすることができなかった子どもとその家族に対しては、「落ちる」ことの回避に向けて、相当のプレッシャーが持ち込まれることになる[45]。

　子どもも親も、連日夜遅くまでの塾通いと大部なテキストやプリントの山、送迎と宿題のマルつけからは、どうしたって逃げることができないし[46]、毎回ある計算や漢字の小テスト、定期的に行われる単元ごとの復習テストと全国規模の実力テストの点数・順位、それに基づく頻繁なクラス替え、あるいは同一クラス内での席替えの結果には、その都度一喜一憂させられる。学校からの帰り道にランドセルのまま道草を食らう緩やかさなど、もはや望むべくもないし、平日の放課後はもちろん、せっかくの週末や休日にでさえ、友達と遊ぶ時間的な余裕は、なかなか確保することができない。学校が長期休業に入ったとしても、塾の期間講習や特訓の予定がびっしりと詰まっていて、海にも山にも田舎にも、近場の公園にだって、なかなか行けやしない。子どもの健全な成長・発達を願うとき、果たしてこれでよいのかどうか（あえて付言するならば、中学受験＝悪というような短絡的な図式には、筆者は一切与さない。打ち込むものが、スポーツならば「素晴らしい」、勉強ならば「かわいそう」というのは、どう考えてもおかしい。中学受験を指して、「子どもの一生を決める」[47]とまで言い切ってしまうような、あまりにも大袈裟なキャッチフレーズには賛同しかねるにしても、塾指定のバッグを背負う子ども達の姿を混雑した電車や駅構内で見かけると、その健気な頑張りを勝手に想像して、一種の感動さえ覚

えるし、心から連帯のエールを送りたくなる。とはいえ中学受験が大衆化し、競争が激化する現状について、「いまは、そういう時代だから仕方がない」[48]の一言で済ませて、あっさりと追認してしまうことは、事態の悪化に荷担することと同義であり、大人の振る舞いとしては、あまりに無責任であろう)。

　いまさらルソー（Jean-Jacques Rousseau）の消極教育のテーゼ、「万物をつくる者の手をはなれるときすべてはよいものであるが、人間の手にうつるとすべてが悪くなる」[49]という『エミール』の冒頭にある例の一文を引き合いに出すまでもなく、子どもの教育は、「正しき」方向性として、あらかじめ人間に内在させられているはずの「自然」を無視しては、決してうまくいかないのではなかったか。また自然が示してくれるみちすじに従うことによってこそ、子どもには、やがてやって来るはずの過酷な試練に耐え、自分の人生を幸福に生きる力が身につくのではなかったか。吉野源三郎の人生読本『君たちはどう生きるか』(1937年)に登場するコペル君が、15歳の中学2年生にしてそうであるように、「成績の方」は「たいてい一番か二番、三番と落ちたことはめったにありません」というほど「非常に優秀」であっても、「点取虫の勉強家というわけではなく、どうして、遊ぶことは人一倍好きな方」、しかも「受持の先生」が「こまる」くらいに「いたずら好き」で「いたって無邪気」というのが[50]、今昔変わらぬ子どもの子どもたる所以ではなかろうか。（少なくとも、ある年齢以上の）親が、本来的な意味での「子どもらしさ」[51]を憧憬し、もう一昔も二昔も前どころか、それ以上に遠い昔の話となった昭和の記憶を呼び覚ましながら、腕白小僧／お転婆娘だった自らの少年／少女時代をノスタルジックに振り返るとき[52]、これらの問いが頭をもたげることは、どうにも不可避であろう。

　第三に、学校選択の自由を推奨することへの疑問について。

　仮に公立中高一貫校の増設が、首都圏はもちろん、あちらこちらで今

後相次ぎ、適性検査が現行のあり方を維持したまま、より広範囲で行われるようになるならば、一部の限られた子ども達にとって有利な状況がますます強まり、教育機会の階層化が進行していくものと予想される。超難関の私立中学が第一志望でありながら、公立中高一貫校を併願で受けるケース（このとき公立の方は、第二志望、あるいはそれ以下であるか、場合によっては滑り止めとみなされている）は、大都市部を中心に、普通に見られる現象であるが、そのような受験行動をとる子ども達は、文化的、社会的、経済的に上位層の家庭に育っていて、もともと高学力であり、また両方に対応可能であると想定されるからである。

　そして公立中高一貫校が、私立の場合と同様に、大学進学実績（最もわかりやすい数的尺度が、『週刊朝日』や『サンデー毎日』に掲載される大学合格者高校ランキング、特に東大合格者のそれであることには、誰にも異存はないはずである）で世間から評価され、その方向で拡大していく傾向が強まるならば、我が国の中等教育は、制度的には単線型でありながら、機能としては分岐型のようになっていると言わざるを得なくなるであろう。これが、教育の機会均等を大原則として、6・3・3制の理念と形式を堅持してきた我が国において[53]、果たしてどこまで受け入れられるものなのか。少なくとも教育制度設計には門外漢の筆者の力では、まるで予測不能である。ただし危惧されるような状況が、社会生活の諸側面での規制緩和や自由化、市場化を基本的な善とみなし、これを推進する勢力・意見の強まりを背景として、学校教育を含めて、至る所で着々と、確実に進行中であることは、どうにも疑いようがない。今後の学制改革の成り行きを注視しつつ、そうしたマクロレベルでの動きが帰着するところの、学校の組織運営や教授－学習過程の問題について、あるときはメゾレベルで、またあるときはミクロレベルで考究していきたい。

注

1. 「都立高校改革計画　新たな実施計画――日本の未来を担う人間の育成に向けて」東京都教育委員会、2002 年 10 月
2. 文部科学省施策パンフレット『個性を伸ばす 6 年　中高一貫教育の推進』に掲載された情報を、次の論文から重引。ただし図は省略した。
田中洋「公立中高一貫校の現状」『琉球大学教育学部紀要』第 68 集、琉球大学教育学部、2006 年 3 月、p. 274.
3. 併設型では、自校の中学部から無試験で、そのままストレートに上がってくる内部進学者（内進生）に加えて、外部（他中）出身者を、高校の段階から新規に受け入れている。このときは、当然のことながら、試験が行われるし、両者の人数比率（定員の配分）は、学校ごとにまるっきり異なる。
4. 横田増生『中学受験』岩波書店、2013 年、p. 154.（「連携型の場合、中学と高校の六年間で一貫した教育を行う形になっていないため、通常では、中等教育学校と併設型の二つを公立中高一貫校とみなす場合が多い。よって、本書でも連携型を外して議論を進めていく」。）
5. 「入学試験、例えば大学入試の場合には、高等学校で学習した結果獲得した学力を測定するという学力検査の側面と大学の入学後、一定水準の学業成績を収められるか否かを予測する適性検査の側面とが要求される」と言われる。とはいえ、もともと両者にはかなりの重複が見られ、容易には峻別し難い。
野口裕之「学力検査」編者代表細谷俊夫・奥田真丈・河野重男・今野喜清『新教育学大事典』第 1 巻、第一法規、1990 年、p. 437.
6. 増田ユリヤ『新しい「教育格差」』講談社、2009 年、p. 19.
7. 2016 年 1 月 30 日の朝日新聞に掲載された記事「私立中入試　多彩」では、次のように述べられている。

   中学入試の模試を実施する首都圏模試センター（東京都千代田区）によると、従来の学力試験とは異なるタイプの入試は昨年頃から目立ち始めた。今年、入試で英語を設けるのは、東京、埼玉、千葉、神奈川の 1 都 3 県で 64 校に上り、昨年の 2 倍に。公立中高一貫校の入試に似た教科横断型の「適性検査型」の試験を導入する学校も、昨年より約 30 校多い 86 校になる。

   なお次の雑誌記事を併せて参照願いたい。
   「私立に広がる『適性検査』／公立中高一貫校と併願可能で低倍率」『AERA』No. 32（第 28 巻第 32 号、通巻 1518 号）朝日新聞出版、2015 年 7 月 27 日、pp. 17-20.
8. 若泉敏・高清水美音子『中学受験　公立中高一貫校のすべて――全国 96 校の傾向と対策』ダイヤモンド社、2009 年

9　井島秀樹「公立中高一貫教育校の現状と課題――中等教育学校及び併設型中高一貫教育校へのアンケート調査を通して」『教育行財政論叢』第 9 号、京都大学大学院教育学研究科比較教育政策学講座内教育行政学研究室、2005 年 3 月、pp. 97-111.
　坂野慎二「中高一貫教育の全国的動向」『教育制度学研究』第 10 号、日本教育制度学会、2003 年 11 月、pp. 276-284.
　坂野慎二「学校体系における中等教育段階の意義と機能」『教育学研究』第 77 巻第 2 号、日本教育学会、2010 年 6 月、pp. 171-182.
　田中、前掲論文、pp. 273-284.
　濱本真一「公立中高一貫校拡大の規定要因分析――学校タイプによる傾向の違いに着目して」『社会学年報』第 41 号、東北社会学会、2012 年 7 月、pp. 115-125.
　これらとは視角の異なる卓越した先行研究として、藤田英典の原理的かつ文脈的な論文と、そこで俎上に載せられている黒崎勲の浩瀚の書の二つを挙げることができる。前者は、公立中高一貫校の導入に明らかに反対の立場をとりながらも、「公立中高一貫校のメリットとデメリット」やその「是非」について、かなり丁寧に論じている。後者は、アメリカにおける学校改革の事例として、ニューヨーク市イーストハーレム地区とシカゴ市の場合を取り上げて、「学校選択の理念を教育改革（学校改革）の一つの中心的な理論問題として検討」し、さらに随所で我が国の現状（当時）へのインプリケーションに言及している。しかしいずれの場合も、さすがに適性検査までは、その射程に収め切れていない。したがって本章との間では、何より直接の対象の点で、かなりのズレがあると言わざるを得ない。
　藤田英典「教育の市場性／非市場性――『公立中高一貫校』『学校選択の自由』問題を中心に」森田尚人・藤田英典・黒崎勲・片桐芳雄・佐藤学編『教育学年報 5　教育と市場』世織書房、1996 年、pp. 55-95.
　黒崎勲『学校選択と学校参加――アメリカ教育改革の実験に学ぶ』東京大学出版会、1994 年

10　ena 監修『イチからわかる！　公立中高一貫校適性検査対策問題集』学研、2013 年、pp. 2-3.

11　大原予備校・朝日学生新聞社編集部共編『公立中高一貫校　わかる！　適性検査 45 題　詳細解説』朝日学生新聞社、2010 年
　大原予備校・朝日学生新聞社編集部共編『基礎からスタート！　公立中高一貫校適性検査対策問題集』朝日学生新聞社、2012 年

12　腰越滋「公立中高一貫校の入学者選抜に関する一考察――適性検査に注目して」『日本教育学会第 68 回大会発表要旨集録』日本教育学会、2009 年 8 月、p. 349.

なお次の報告（「Report」）を併せて参照願いたい。
中垣真紀「未来学力の規定と育成について——公立中高一貫教育校の適性検査問題からの一考察」『BERD』第 3 号、ベネッセ教育研究開発センター、2006 年 1 月、pp. 41-47.

13　小林公夫『論理思考の鍛え方』講談社、2004 年、pp. 22-57.
14　小林公夫『公立中高一貫校』筑摩書房、2013 年、pp. 82-144.
15　若泉敏『新版・公立中高一貫校　合格への最短ルール——適性検査で問われる「これからの学力」』WAVE 出版、2013 年
16　早稲田進学会『朝日小学生新聞の公立中高一貫校適性検査対策　シリーズ 4 冊セット』朝日学生新聞社、2015 年
　　早稲田進学会『作文力で合格！　公立中高一貫校適性検査対策問題集』朝日学生新聞社、2014 年
　　早稲田進学会『分析力で合格！　公立中高一貫校適性検査対策問題集／社会的分野』朝日学生新聞社、2015 年
　　早稲田進学会『思考力で合格！　公立中高一貫校適性検査対策問題集／算数的分野』朝日学生新聞社、2015 年
　　早稲田進学会『考察力で合格！　公立中高一貫校適性検査対策問題集／理科的分野』朝日学生新聞社、2015 年
17　河合敦『都立中高一貫校 10 校の真実　白鷗／両国／小石川／桜修館／武蔵／立川国際／富士／大泉／南多摩／三鷹／区立九段』幻冬舎、2013 年、pp. 118-139.
18　金子勝『反グローバリズム——市場改革の戦略的思考』岩波書店、1999 年
　　金子勝『市場』岩波書店、1999 年
　　苅谷剛彦「『中流崩壊』に手を貸す教育改革　個性教育が広げる『機会の不平等』」『中央公論』第 105 巻第 8 号、中央公論社、2000 年 7 月、pp. 148-163.
19　「小学校お受験　都が参戦／小中高一貫校　6 年後開校へ」2016 年 2 月 1 日付朝日新聞
20　「都立小中高一貫教育校基本構想検討委員会　中間まとめ」都立小中高一貫教育校基本構想検討委員会、2013 年 8 月、pp. 4-6.
21　「都立小中高一貫教育校の設置に関する検討結果」都立小中高一貫教育校基本構想検討委員会、2015 年 11 月、pp. 15-16.
22　http://www.m-urawa.ed.jp/index.cfm/1, 0, 44, html（accessed 14 September 2016）
23　http://www.city-saitama.ed.jp/ohmiyanishi-h/（accessed 28 March 2016）
24　「さいたま市立中等教育学校（仮称）に係る基本計画」さいたま市教育委員会 2015 年 2 月、p. 2.
25　http://www.inagakuen.spec.ed.jp/comm2/htdocs/?page_id=163（accessed 15 September 2016）

26 http://www.inagakuen.spec.ed.jp/jhs/comm2/htdocs/?page_id=54（accessed 15 September 2016）

27 http://www.chiba-c.ed.jp/chiba-h/chibachu/index.html
http://www.inage-h.ed.jp/infjuniorhigh/index.html
http://cms1.chiba-c.ed.jp/tohkatsu-jh/
http://cms1.chiba-c.ed.jp/tohkatsu-jh/学校案内/schooloutline/
http://www.sagamihara-chuto-ss.pen-kanagawa.ed.jp/1_school/main12.html
http://www.hiratsuka-chuto-ss.pen-kanagawa.ed.jp/2_rinen/index.html
http://www.kaw-s.ed.jp/jh-school/index.cfm/1, 505, 19, html
http://www.edu.city.yokohama.jp/sch/hs/minami/jhs/kyouikuhoushin.html
（千葉、稲毛、相模原、平塚：accessed 28 March 2016　東葛、川崎、横浜：accessed 14 September 2016）

28 横浜国立大学教育人間科学部附属横浜中学校編『習得・活用・探究の授業をつくる——PISA型「読解力」を核としたカリキュラム・マネジメント』三省堂、2008年

29 4と同じ、pp. 148-149.

30 http://hakuo.ed.jp/web/?page_id=28（accessed 7 September 2016）

31 「都立高校改革推進計画・新実施計画」東京都教育委員会、2016年2月、p. 54.

32 http://hakuo.ed.jp/web/pdf/Management/28ManagementPlan.pdf（accessed 8 September 2016）

33 http://hakuo.ed.jp/web/pdf/EntranceExam-J/28BasicPolicy.pdf（accessed 7 September 2016）

34 「出題の傾向（28年度）　白鷗のココがポイント！！」『平成29年度用　都立白鷗高校附属中学校　10年間スーパー過去問』声の教育社、2016年8月所収（ページ番号なし）

35 http://hakuo.ed.jp/web/pdf/EntranceExam-J/28ExampleAnswer.pdf（accessed 12 September 2016）

36 17と同じ、p. 151.

37 4と同じ、p. 156.

38 文部科学省『小学校学習指導要領』東京書籍、2008年、p. 13.

39 「公立中高一貫の波紋」2008年11月2日付朝日新聞

40 「出題の傾向　市立浦和のココがポイント！！」『平成29年度用　さいたま市立浦和中学校　7年間スーパー過去問』声の教育社、2016年8月所収（ページ番号なし）

41 高濱正伸『中学受験に失敗しない』PHP研究所、2013年、p. 57.

42 鈴木亮『塾不要　親子で挑んだ公立中高一貫校受験』ディスカヴァー・トゥエ

ンティワン、2007 年、p. 4.
43　39 と同じ
44　中島義道『人生を〈半分〉降りる——哲学的生き方のすすめ』筑摩書房、2008 年
45　39 と同じ
46　本田由紀『「家庭教育」の隘路——子育てに脅迫される母親たち』勁草書房、2008 年
　　多賀太「『教育する父』の意識と行動——中学受験生の父親の事例分析から」『教育科学セミナリー』第 43 号、関西大学教育学会、2012 年 3 月、pp. 1-18.
47　和田秀樹『子どもの一生を決める——失敗しない中学受験入門』KADOKAWA ／中経出版、2014 年
48　原武史『滝山コミューン一九七四』講談社、2010 年を参照。
　　本書は、「いま」を遡ること 40 数年、まだ「そういう時代」ではなかった頃の都下郊外における中学受験とその周辺の事情について、当事者（主人公の「私」、原少年）の立場から余すところなく活写したノンフィクション作品である。ただしこれは、1970 年代の小学校文化とチャイルド・ソーシャリズム体験（班競争と連帯責任、反省会での自己批判、代表児童委員会の選挙演説、林間学校での合唱やキャンドルファイアー等）を分析した秀逸な思想史的著作とみなされるべきであり、その本来的な意義は、革新的・集団主義的＝「民主的」理想を掲げる教育がはらむ暴力性、「子どものために」なされる善意に満ちた教育が、その底の浅さ故に別様の権威主義を呼び込むという逆説、学校による子どもの思考と身体の管理と秩序化、その結果として子どもが学校に対して抱く違和感や息苦しさ、その中で「異質」なものが排除される痛みを見事に描き出している点にこそ認められる。
　　また小説ではあるものの、原前掲書と同様に自伝的な次の二つの作品では、それぞれ麻布、桐朋という私立中高一貫校での生活の様子が、生き生きと、濃密に語られており、私学ならではの校風や文化を知る上でとても興味深い。
　　北杜夫『楡家の人びと（上・下）』新潮社、1994・1995 年
　　嵐山光三郎『夕焼け学校』集英社、1994 年
49　ルソー著、今野一雄訳『エミール（上）』岩波書店、1962 年、p. 27.
50　吉野源三郎『君たちはどう生きるか』岩波書店、1982 年、pp. 5-7.
51　本田和子「消滅か拡散か——子どもらしさのゆくえ」『思想の科学』第 7 次第 71 号、思想の科学社、1986 年 1 月、pp. 2-9.
52　社団法人日本写真家協会編『日本の子ども 60 年』新潮社、2005 年
　　東京都写真美術館編『昭和の風景』新潮社、2007 年

土門拳『腕白小僧がいた』小学館、2002 年
林望『ついこの間あった昔』弘文堂、2007 年
これらと同種の出版物は数多あり、まさしく枚挙に遑(いとま)がない。
53 助川晃洋「6・3・3 制の理念とその成立経緯——為政者の戦後教育史認識を乗り越えるために」『教育学論叢』第 33 号、国士舘大学教育学会、2016 年 2 月、pp. 143-154.

第3部

授業とカリキュラムの創造

第 6 章

授業研究の諸相
―― 学術研究と現場実践の重層性

1　序

　我が国において授業研究は、その背景（なぜ行うのか）、目的（何のために行うのか）、実施・推進主体（誰、あるいはどこが行うのか）、テーマ（何について行うのか）、スタイル（どのように行うのか）といった点で、多様に展開されている。そのため一人の教育学研究者（より広く言えば、教育研究者）が、鳥瞰的視野から全体像をつかみ、渾然とした状況を図式的に整理し、大筋や要点を的確に把握し、さらに個々の方法の特徴や結果の細部まで遺漏なく叙述することは、例えばカバーしようとするタイムスパンを近年どころか、現在というところまで大幅に狭めるなど、たとえかなり思い切った制限を加えたとしても、決して容易ではない。しかし様々な面倒や障害が不可避であることを承知の上で、それでもあえて筆者は、歴代にわたって蓄積されてきた数多の成果物の中から、教育学部・学科・専攻・コース（名称、規模、性格の違いにかかわらず、これらに相当する組織を含む）や教員養成・教職課程を有する大学の附属図書館であれば（すべては無理でも、一定程度には）開架・所蔵されていることが一般的で、そのため現時点で同学の誰もが容易に閲覧・入手可能な、比較的新しい、あるいはもはや古典に属するにしても、いまでもよく読ま

れている(少なくともよく知られている)著書や論文を一通りリストアップし、取捨選択し、直接手に取って目を通し、必要の度合いに応じて読み込むことで、授業研究の諸相を描出することに挑戦してみた。その作業の結果が、本章としてまとめられている。

II 定義と歴史

　授業研究とは、授業における教師と子ども(最も正確には、幼児・児童・生徒・学生とでも表記すべきであろうが、あえて簡略化する)の教室行動、両者の間のコミュニケーションや子ども同士の協調学習、教師と子どもの知識や思考、意思決定や学習過程の実態等を分析して、指導技術、教室風土、教授学的信念といった特質を明らかにする研究的・実践的営為の総称である。これに類似する概念としては、授業分析が挙げられる。両者は、授業開発と理論構築のどちらを志向するかによって異なるという見解もあるが(柴田、2002)、それぞれを截然と区別することは困難である。むしろ相互補完的な関係にあり、また授業研究の方が、より包括的であると考える方が自然であり、妥当である。

　そして我が国において授業研究は、明治期に東京師範学校の実地授業批評として始まって以来、国家による管理・統制と拮抗しつつ、教師達自身が、勤務する学校内部で、自らの手によって行ってきた歴史を持っている(松本、1996)。大正自由教育期であれば、及川平治の明石女子師範附属小学校や澤柳政太郎の成城小学校等、師範学校附属学校や私立学校が、その中心的な役割を担い、公開研究会では毎年多くの参観者を集めていた(永井、1986、pp. 117-122；田中・鶴田・橋本・藤村、2012、pp. 43-71)。第二次世界大戦後になっても授業研究は、行政主催の初任者教員研修、各学校独自の主題に基づく研究授業、教員組合や民間教育団体(自

主的サークル）の研究運動等、様々な形で行われてきた。そのあり方が大きく変わるのは、1960年代前半になってからである。その頃から教育学研究としての授業研究（「授業の科学」）が活発化し、大学／研究者と小・中・高校／実践家との協働が試みられるようになった。1963年には5大学の研究者（北海道の砂沢喜代次、東京の細谷俊夫、名古屋の木原健太郎、神戸の小川太郎、広島の末吉悌次ら）を発起人として、全国授業研究協議会（全授研）が結成されている。1964年には日本教育方法学会が設立されている（臼井、2010、pp. 11-26）。同年には Educational Technology が、教育技術学ではなく教育工学と訳出されて、はじめて紹介されている。

　初期の授業分析は、アメリカではフランダース（N. A. Flanders）の相互作用分析やベラック（A. A. Bellack）のコミュニケーション分析によって（加藤、1977；ベラック、クリバード、ハイマン、スミス、1972）、我が国では重松鷹泰や上田薫（を中心とした名大グループ）の一連の業績によって代表される。重松は、フィールドノーツ（「観察野帳」）やカメラを持参して授業を観察し、逐語的な授業記録を内容に即して分節に分けた上で、各分節間の関係を明確化しながら、特定の分節について検討するとともに、授業の場全体をとらえ、その問題点を指摘している（重松、1961）。重松と上田は、「相対主義的関係追求方式」（Relativistic Relation Research Method R. R. 方式）によって、授業諸要因の関連構造を検討している（重松・上田、1965）。上田は、静岡市立安東小学校との共同研究において、カルテと座席表を用いた授業研究を行い、「ひとりひとりを生かす授業」、「個に迫る授業」を追究している（上田・静岡市立安東小学校、1971；同、1994）。

　その後、我が国の授業研究は、1970年代のうちこそ行動分析カテゴリーの開発や統計的な数量解析ばかりにとどまっていたものの、1980年代には認知心理学の影響を受けたことにより、教師と子どもの内面過程を検討するようになる。1984年には日本教育工学会が設立されている。

そして1990年代に入ると授業研究は、一方では、「学びの共同体」と「反省的実践家」という二つの概念装置の提唱を受けて、学校改革の中核に位置づけられ、教師達の協同的な学び合い（「同僚性」）を促進している（佐伯・藤田・佐藤、1996；ショーン、2001；同、2007）。また他方では、アクションリサーチが行われて、教室の談話（発話、ディスコース）分析が質的な視点からとらえられている（秋田、2005；同、2007）。さらに1999年にはスティグラー（J. W. Stigler）とヒーバート（J. Hiebert）が、アメリカと日本とドイツの授業のビデオ記録を比較した『ティーチング・ギャップ』（*The Teaching Gap*）を著し、我が国の子どものTIMSS（Trends in International Mathematics and Science Study 国際数学・理科教育動向調査）での得点の高さの背景には、教師の授業研究があることを指摘している（スティグラー、ヒーバート、2002）。これを契機として我が国の授業研究は、「レッスンスタディ」（Lesson Study）の名前でアメリカに紹介され、教員研修の方法として取り入れられるとともに、全米各地で研究学校が活動するようになった。2006年にはルイス（C. Lewis）や我が国の研究者らによって、世界授業研究学会（World Association of Lesson Studies: WALS）が設立されており、授業研究は、アメリカや我が国はもちろんのこと、世界諸国・地域の研究機関や学校現場で、今日も精力的に行われている。

III　研究の動向

　1990年代以降の教育方法学において授業研究の対象は、歴史的遺産（ヘルバルト主義の段階教授法、新教育運動）から現代社会の要求（「確かな学力」の育成、言語活動の充実）まで、外国の学習指導原理（合自然、直観、自己活動）から身近にある個別の教室実践事例やそこでの特定の子ども（抽出児）の変容まで、幼稚園での保育（OECDのStarting Strong）や特

別支援教育(授業のユニバーサルデザイン)から大学教育(教育 GP と FD の義務化)や教師教育(養成・採用・研修の一体化)まで、授業技術論(発問、板書)や教科指導論から学習集団論(班、話し合い活動)や方法的措置(学級経営、学校改革)まで、チョークとトークによる一斉授業からタブレット端末をはじめとする ICT ツールを活用した反転授業やアクティブ・ラーニングまで、教師の手づくりによる教材・教具から検定教科書まで、学習指導要領(ナショナル・スタンダード)からそれによらない特例的なカリキュラム開発(ローカル・オプティマム)まで、教師の授業準備(教材研究、学習指導案)から子どもの学力評価(指導要録、パフォーマンス評価)まで、というように、かなりの広範囲に及んでいる。このことは、日本教育方法学会の『日本の授業研究』全2巻の各章の見出しから、極めて明瞭に看取することができる(日本教育方法学会、2009a;同、2009b)。

　　上巻・授業研究の歴史と教師教育
　　　序　章　授業研究とは何か(臼井嘉一)
　　　第1章　戦後新教育と授業研究の起源(豊田ひさき)
　　　第2章　授業研究運動の展開(藤原幸男)
　　　第3章　民間教育運動における授業研究(鶴田清司ら)
　　　第4章　授業研究の現在――二つの視座から――(片上宗二ら)
　　　第5章　教員養成と授業研究(三石初雄ら)
　　　第6章　現職教育と授業研究(山崎準二ら)
　　　第7章　大学教育と授業研究(浅野誠ら)
　　下巻・授業研究の方法と形態
　　　序　章　日本の授業の構造と研究の視座(中野和光)
　　　第1章　カリキュラム研究と授業研究(安彦忠彦)

第2章　教科書教材の教授学的研究（柴田義松）
第3章　授業研究による教科指導の改善（池野範男ら）
第4章　学級づくりと授業研究（久田敏彦）
第5章　教育評価と授業研究（西岡加名恵）
第6章　授業研究を基礎とした学校づくり（木原俊行）
第7章　研究開発学校と授業研究（久野弘幸）
第8章　教育メディアの革新と授業研究（本田敏明）
第9章　特別支援教育と授業研究（湯浅恭正）
第10章　「保育」研究と「授業」研究
　　　　――観る・記録する・物語る研究――（秋田喜代美）
結　章　授業研究方法論の課題と展望（的場正美）

　同時期に日本教育方法学会紀要『教育方法学研究』に掲載された授業研究関係の論文もまた、相当バラエティーに富んでいる。それでもその主題は、次の七つのカテゴリーに大別することが可能である（日本教育方法学会、2014a、pp. 170-177）。

（1）授業研究による教師の力量形成
　　北田佳子は、校内授業研究会における新任教師の学習過程を認知的徒弟制の概念で分析している（北田、2008）。高橋早苗は、教師の専門性の向上に寄与する実践記録カンファレンスのあり方を事例的に検討している（高橋、2008）。
（2）談話分析と授業研究
　　藤江康彦は、授業のコミュニケーションを教室談話ととらえ、その成立機制を検討している（藤江、2001）。河野麻沙美は、子どもの談話分析を通じて、数学学習における図形的表現と子どもの理解の

関係を解明している（河野、2006）。
(3) 授業研究のツールと観察方法の研究

　田代裕一は、グループ活動を含んだ授業実践を取り上げ、発言表を用いて、その様相を解釈的にとらえている（田代、2010）。清水良彦は、「子どもによる授業分析」の方法を開発・実践することで、授業分析における子どもの視点を析出している（清水、2011）。

(4) 教科教育における授業研究

　長谷川栄らは、今西祐行作「一つの花」を扱った三つの国語の授業を比較して、教師の教授方略を検討している（長谷川・布川・新井、1992）。中島淑子は、小学校低学年の算数における子どもの長さ概念形成の誤りの原因を指摘している（中島、2010）。

(5) 授業研究の史的研究

　深谷圭助は、明治末期に木下竹次が指導した鹿児島師範附属小学校の自習法の実践に着目して、自学主義教育の意義を検討している（深谷、2006）。足立淳は、成城小学校におけるドルトン・プラン受容をめぐる関係者間の対立の構造を検討している（足立、2010）。

(6) 大学の授業研究

　神藤貴昭らは、大学における一般的な授業を「異化」し、学生主導型の授業の可能性を展望している（神藤・田口、2001）。河井亨は、大学生が授業での学習と授業外での活動・学習をどのような関係に組織化しているかを検討している（河井、2012）。

(7) 授業研究による理論研究

　平田知美は、教師の介入をダイナミック・アセスメントの視点から分析し、「発達の最近接領域」が顕在化する可能性を実証している（平田、2008）。杉本憲子は、授業における「ずれ」の持つ意味とその具体的なあり方を検討している（杉本、2008）。

教育工学の場合を見ると、授業研究の主題は、1986～95年に日本教育工学会機関誌『日本教育工学雑誌』に掲載された関連の論文（原著、資料、展望）をレビューする限り（必要に応じて『日本教育工学会研究報告集』所収のものも対象に加える）、授業設計、教師と子どもの内面過程、教師と子どもの教室行動、授業過程の分析・評価、教師の授業力量形成の五つにまとめることができ（生田・吉崎、1997）、追跡期間を2012年まで延長し、主な研究書まで俎上に載せると、授業設計（授業デザイン）、授業実施、授業分析・評価、授業改善、学習環境、教師の授業力量形成、授業研究の方法の七つに整理し直すことができる。代表的な方法としては、行動主義的アプローチ、認知主義的アプローチ、社会（的）構成主義的アプローチ（ワーチ、1995）、教育工学的アプローチ（システムズアプローチ）の四つが挙げられる（水越・吉崎・木原・田口、2012、pp. 1-29）。

　隣接する教育心理学においても授業研究は、とても活発に行われている。心理学研究者による授業への取り組みは、日本教育心理学会（1959年設立）の『教育心理学年報』誌上で定期的に紹介されている。その特徴は、内容的には、社会構成主義の観点からの学習の認知過程の研究、教室文化や教室ではたらくルールの解明を意図した研究（松尾・丸野、2007）、授業デザインの研究が見られ、方法的には、実験的方法、教室観察、臨床的面接、質問紙法、教師との対話、エスノグラフィー、アクションリサーチ等が、ときに単独で、しかし大抵は様々に組み合わされて、駆使されている点に認められる（栗山、2001；伊藤、2005；髙垣、2011）。

IV　実践の動向

　2010年に国立教育政策研究所は、「教員の質の向上に関する調査」を実施している。具体的には、『全国学校総覧』から公立小・中学校各1000

校をサンプリングし、2〜3月にかけて質問紙を発送・回収し、それぞれ 705 件、665 件の有効回答を得ている。それによると、授業研究を年 1 回以上実施しているのは小学校 98.7％、中学校 97.9％、全教員が研究授業を行っているのは小学校 72.1％、中学校 44.9％、学校として一つのテーマを設定し、授業研究に取り組んでいるのは小学校 98.7％、中学校 90.7％であった（日本教育方法学会、2014b、pp. 10-21）。

　これと同様の数値傾向は、文部科学省による全国学力・学習状況調査の「学校質問紙」における「教員研修」や「教職員の取組」といった項目に関する回答集計結果にも表れている。2007 年の調査（「平成 19 年度全国学力・学習状況調査報告書・調査結果」）によると、授業研究を年 1 回以上実施しているのは小学校 99.8％、中学校 97.8％、5 回以上だと小学校 83.3％、中学校 52.9％であった（北神・木原・佐野、2010、pp. 27-45）。すなわち我が国の学校現場において授業研究は、そのほとんどすべてで行われていて（ただし校種別に頻度を見ると、中学校よりも小学校の方が活発である）、すでに教師・学校文化レベルで定着しており、その場合、校内研修（校内研究）の一環として位置づけられているケースが一般的である。校内研修としての授業研究は、授業について教師が同僚（ノーヴィス、若手、中堅、ベテランを問わず）や指導教員（メンター）とともに、必要に応じて教育委員会指導主事や大学教員といった外部講師を招聘して、長期的に学び続け、職能的専門性や実践的指導力、とりわけ指導技術をはじめとする授業力量を高めることを保障する学習・活動システムとして、重要な機能を果たすと期待されている。

　教師の授業力量形成をめざす授業研究への注目は、教師の成長が、「反省（振り返り）／リフレクション」という行為によって支えられていると認められたことを契機として、より一層高まった。教師の反省的成長とは、教師達が自らの教育実践を何らかの手段によって対象化し、批判

的に分析すること、そして過去や現在の営みの分析を出発点として、教育実践の新たな地平を切り拓くことを意味している（浅田・生田・藤岡、1998、pp. 198-211）。このための機会が、同僚らとのディスカッションや協議であり、それが展開される授業研究会のあり方を問い直そうという研究的な取り組みが促され、その結果として、早くも1980年代に「授業カンファレンス」が提唱されている。これは、同一学年・教材の二つの授業記録としてのビデオ映像の比較・検討という対話過程を中心的な方法とするものであり、教師の実践的知識の開発を志向している（稲垣、1988；佐藤、1989）。このとき以降、研究者には、指導助言者やコメンテーターとして、理論を持ち込んだり、何かを検証したり、授業を一方的に評価したりするのではなく（技術的合理性への疑義、技術的熟達者モデルの限界）、実践家と対等なメンバーとして、より当世風に言えば、ファシリテーターやプロンプターとして、授業の複雑さを噛みしめ、悩みを共有しながら、彼／彼女らとともに歩み、教師側の省察を促すような役割を果たすことが求められるようになった（行為の中の知、実践の中の理論への着目）。大づかみに言えば、教師の学習に関する基盤的な理論や認識を含めて、具現化された専門性や実践知の学びの場としての授業研究のタイプが、「効果伝達モデル」から「協働構築モデル」へと転換したのである（21世紀COEプログラム東京大学大学院教育学研究科基礎学力研究開発センター、2006、pp. 191-208）。

　しかし近年における教員の多忙化に加えて、団塊世代の大量退職と若手新規採用の拡大に伴う学校の教師集団構成員の世代交代が急速に進行する中で、現場での授業研究は、残念ながら、とかく形骸化、定型化しがちである（指導案を何度も練り直し、大部の研究紀要を発行し、広く参観者を募って公開授業を行い、事後検討会ではお手盛りの賞賛か批判の言葉だけが交換されて終わるという一大恒例イベントの開催、もともと事業活動の経

営管理手法である PDS（Plan-Do-See）サイクルや PDCA（Plan-Do-Check-Action）サイクルへの盲信的準拠）。あるいは自己目的化していると言ってもよい。それが、よりよい授業の創造（授業の改善）に貢献するのではなく、限定的な目標に向けたルーティンワークになってしまい、教師の成長にも子どもの学習にも寄与することなく、ただの行事や儀式と化し、後にはやらされ感や徒労感だけが残るという倒錯状況は、多くの関係者が実際に経験し、見聞してきた事実である（稲垣・佐藤、1996、pp. 141-237）。

では、実効的で意義のある校内授業研究を持続的に推進するには、どうしたらよいのか。そのための条件としては、次の三つが挙げられる（的場・柴田、2013、pp. 79-95）。

(1) 授業の事実に基づく

観念的な授業観を披露し合うのではなく、具体的に実施された授業の事実に基づいた授業研究。そのためには、授業ビデオや簡単なものでも授業記録が必要となる。

(2) 授業の改善につながる

授業の改善につながる授業研究である。事実に基づくことによって、「こういうことが学べた」「これは取り入れてみる価値がありそうだ」「生徒の学びにつながる」というような気持ちを参加者が抱くことのできる授業研究である。そのためには、指導法を検討し合うことが必要である。しかしそれが、あくまでも全教師の授業改善につながるためには、全員で見合った授業の事実に基づく検討であることが条件となる。

(3) 教師の成長に結びつく

全教師の成長に結びつく授業研究である。つまり、授業者だけに役立つものや、授業者の力量判断や評価のためのものではないとい

うことである。そのために授業での事実に基づくことが、ここでも必要となる。

　また授業研究を核とした校内研修の充実要件では、「校内研修の特性」である具体性・実践性、日常性・継続性、実効性、主体性、全員参加性・協業性を援用（一部改編）して（日本教育工学会、2000、pp. 226-228）、具体性、継続・発展性、共同性、創造性、デュアルな志向性の五点が挙げられることがある（北神・木原・佐野、2010、pp. 64-82）。ただしこれらと上述した三つの条件との間には、項目数や力点の違いこそあるものの、総体として見れば大差はなく、それどころか実質的に同義であると考えて差し支えない。

　さらに校内研修としての授業研究の実施に当たっては、本質的な問題に加えて、限られた時間内での効率的な運営の仕方という現実的・実務的な問題が確かにある。その改善のためには、全国各自治体の教育・教員研修センターや一部の先進的な学校で流行のワークショップを導入することが得策であろう（村川、2005；横浜市教育センター、2009）。これは、研究授業後の協議会で、司会を務める研究主任の指示に従って、各テーブルのグループごとにワークシートを囲んで話し合い、出された意見や課題を全体に対して発表し、模造紙やホワイトボードの上でとりまとめ、最後に改善策を提案するという流れになることが多い。例えば東京都東村山市立大岱（おんた）小学校では、年間で一人2回以上、合計40回以上の研究授業が行われているが、事後に毎回決まって開催されるワークショップ型協議会（「全体研修会」、「改善策提案型研究協議会」）は、次の手順通りに進行して、およそ60分間で終了する（村川・田村・東村山市立大岱小学校、2011、pp. 104-112）。

(1) 準備
　・全体コーディネーター、各テーブルコーディネーターを決めておく
　・4〜5人程度のグループを作り、テーブルごとに割り振っておく
　・準備物：付箋（桃色、青色）、サインペン、B4用紙（テーブル数分）、模造紙、ホワイトボード（黒板）、のり、セロハンテープ
(2) 進め方
　① 授業の課題点を付箋（桃色）に記入する
　② 課題が書かれた付箋を各テーブルで出し合う
　③ 出された課題をテーブルごとに発表する
　④ 出された課題をコーディネーターが分類・整理する
　⑤ 出された課題点について、改善策を付箋（青色）に記入する
　⑥ 改善策が書かれた付箋を各テーブルで出し合う
　⑦ 出された改善策をテーブルごとに発表する
　⑧ 出された改善策をコーディネーターが分類・整理する
　⑨ 大岱指導修自［「事前に学習指導要領を読み込み、教科や単元についての説明や、本字の助言を行う役である」、「輪番制で行い、全員が担当する」］による助言、講師の指導・講評
　⑩ 授業改善プラン発表

V　課題と展望

　代表的な先行研究では、「今後の授業研究の課題」として、「教師の専門性」、「研究者養成」、「国際的連携」、「解釈学というアプローチ」が列挙されることもあれば（村瀬、2007）、「授業研究のさらなる発展に必要となる視座」として、「教育委員会等のイニシアチブによる授業研究のさら

なるオープン化」、「一人の教師のトータルな成長に資する授業研究の舞台の多様化」が指摘されることもある（水越・吉崎・木原・田口、2012、pp. 169-189）。これら以外にも、様々な理論的・実践的課題、例えば授業研究を行う研究者が学んでいる特定の学問領域独自のアプローチに依拠した専門的な課題、それぞれの学校とそれを取り巻く家庭や地域にとって固有の切実な課題、各教師の地歩に応じたキャリア形成上の課題（比喩的に言えば、一種の発達課題）を追究することが、もちろん十分に許容され得る。それでも授業研究の課題は、管見の限り、類似したものの中では最も包括的な右掲図との照合を徹底することによって、進捗状況を確認しつつ、達成水準の違いに応じて、見直し（上・下方修正の両方）も含めて、随時適切に設定されることが望ましい（名古屋大学・東海市教育委員会教育実践問題支援プロジェクト、2004、pp. 150-151）。

　そして我が国の実践家の間では、コンテンツ・ベースからコンピテンシー・ベースへの学力観の転換と学習指導要領の改訂（安彦、2014；石井、2015）、小中一貫教育の導入と義務教育学校の創設（河原・中山・助川、2014、pp. 38-61）、教師に対する揺るぎない信頼の構築と「学び続ける教員像」の確立、「特色ある学校づくり」の推進と学校教育の質保証・向上の要請等、矢継ぎ早に打ち出される教育改革プランの意図を踏まえる（政策や施策の趣旨を忖度する）ことで、従来とは異なる授業研究の挑戦が拡大しつつある。少子化の進行に起因するクラスサイズの縮小、教育の情報化の進展に伴う電子黒板やデジタル教科書の普及、標準化された教室が並ぶ片廊下一文字型・兵営式校舎から脱却した学校空間のオープン化等によって、教授＝学習過程の様相が変わってきたこともまた（少人数授業、習熟度別指導、学習の個別化・個性化、調べ学習、活動的・構成的な学び）、それに拍車を掛けている。研究者の側には、こうした新しい動向に対応することができるような資質・能力、換言すれば、センスと

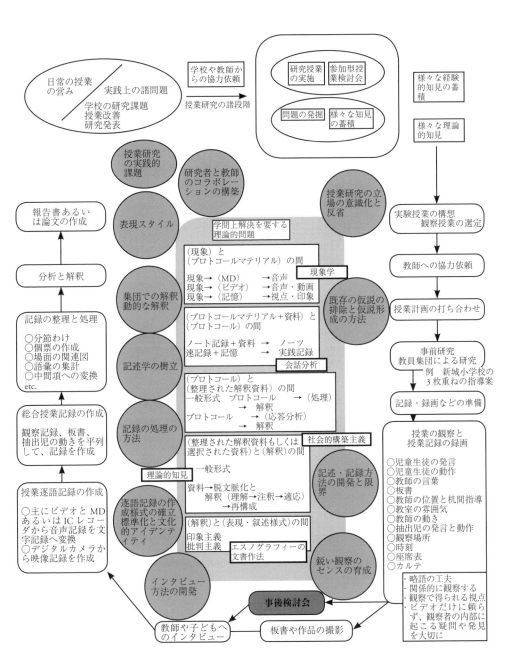

図 授業研究における研究方法の課題と実践的課題
(名古屋大学・東海市教育委員会教育実践問題支援プロジェクト、2004、p.151 を元に作成)

注:この図は、「授業研究の手順とその段階における授業研究の実践的課題と理論的課題を示したものである。外側の楕円は授業研究の内容を、矢印は手順の方向を示している。その内側の円に示している内容は、授業研究を進める上での教師や学校との関係や研究技術や方法の開発に伴う実践的課題である。中心の楕円が学問上解決を必要とする理論的課題である」(p. 150)。

言えるような部分も含めて、現場実践と学術研究、固有の文脈に依存する problem と構造的な一般性を持つ issue、（教職大学院の問題とも絡んで）実践と理論を往還すること、とりわけ現場の問題に反応しながら、学術的な課題を発見し、探究することができるような事例研究（ケースメソッド）の力量が必要とされている。では、両者のコミュニケーションとコラボレーションをどのように継続・蓄積していくのか。それが、それぞれの立場において、どのような成果として結実するのか。答えは、今後の実践と研究の進展に委ねられている。

引用・参考文献

秋田喜代美「授業への心理学的アプローチ——文化的側面に焦点をあてて」『心理学評論』第 47 巻第 3 号、心理学評論刊行会、2005 年、pp. 318-331.
秋田喜代美『授業研究と談話分析（改訂版）』放送大学教育振興会、2007 年
秋田喜代美『学びの心理学——授業をデザインする』左右社、2012 年
秋田喜代美・恒吉僚子・佐藤学編『教育研究のメソドロジー——学校参加型マインドへのいざない』東京大学出版会、2005 年
秋田喜代美・藤江康彦『授業研究と学習過程』放送大学教育振興会、2010 年
秋田喜代美、キャサリン・ルイス『授業の研究　教師の学習——レッスンスタディへのいざない』明石書店、2008 年
浅田匡・生田孝至・藤岡完治編著『成長する教師——教師学への誘い』金子書房、1998 年
足立淳「成城小学校におけるドルトン・プラン受容をめぐる対立の構造」『教育方法学研究』第 35 巻、日本教育方法学会、2010 年、pp. 105-115.
安彦忠彦『「コンピテンシー・ベース」を超える授業づくり——人格形成を見すえた能力育成をめざして』図書文化社、2014 年
生田孝至編『子どもに向きあう授業づくり——授業の設計、展開から評価まで』図書文化社、2006 年
生田孝至・吉崎静夫「授業研究の動向」『日本教育工学雑誌』第 20 巻第 4 号、日本

教育工学会、1997 年、pp. 191-198.
石井英真『今求められる学力と学びとは――コンピテンシー・ベースのカリキュラムの光と影』日本標準、2015 年
伊藤功一『校内研修――教師が変わる　授業が変わる』国土社、1990 年
伊藤崇達「教授・学習に関する研究動向」『教育心理学年報』第 44 集、日本教育心理学会、2005 年、pp. 82-90.
稲垣忠・鈴木克明編著『授業設計マニュアル――教師のためのインストラクショナルデザイン』北大路書房、2011 年
稲垣忠・鈴木克明編著『授業設計マニュアル Ver. 2――教師のためのインストラクショナルデザイン』北大路書房、2015 年
稲垣忠彦『授業を変えるために――カンファレンスのすすめ』国土社、1986 年
稲垣忠彦『授業を変える――実践者に学んだこと』小学館、1988 年
稲垣忠彦『明治教授理論史研究――公教育教授定型の形成（増補版）』評論社、1995 年
稲垣忠彦・久冨善之編『日本の教師文化』東京大学出版会、1994 年
稲垣忠彦・佐藤学『授業研究入門』岩波書店、1996 年
上田薫・静岡市立安東小学校『ひとりひとりを生かす授業――カルテと座席表』明治図書出版、1970 年
上田薫・静岡市立安東小学校『個に迫る授業』明治図書出版、1994 年
上野淳『未来の学校建築――教育改革をささえる空間づくり』岩波書店、1999 年
宇佐美寛『大学の授業』東信堂、1999 年
宇佐美寛『大学授業の病理――FD 批判』東信堂、2004 年
宇佐美寛『授業研究の病理』東信堂、2005 年
臼井嘉一『教育実践学と教育方法論――カリキュラム・教科指導・学力を教育実践から問い直す』日本標準、2010 年
OECD 編、星三和子・首藤美香子・大和洋子・一見真理子訳『OECD 保育白書――人生の始まりこそ力強く：乳幼児期の教育とケア（ECEC）の国際比較』明石書店、2011 年
大瀬敏昭著、佐藤学監修『学校を創る――茅ヶ崎市浜之郷小学校の誕生と実践』小学館、2000 年
大瀬敏昭著、佐藤学監修『学校を変える――浜之郷小学校の 5 年間』小学館、2003 年

W・オコン著、細谷俊夫・大橋精夫訳『教授過程』明治図書出版、1959 年
小貫悟・桂聖『授業のユニバーサルデザイン入門――どの子も楽しく「わかる・できる」授業のつくり方』東洋館出版社、2014 年
鹿毛雅治『子どもの姿に学ぶ教師――「学ぶ意欲」と「教育的瞬間」』教育出版、2007 年
梶田叡一『授業研究の新しい展望』明治図書出版、1995 年
加藤幸次『授業のパターン分析』明治図書出版、1977 年
河井亨「授業と授業外をつなぐ学生の学習ダイナミクスの研究――WAVOC プロジェクト参加学生へのインタビュー調査の分析から」『教育方法学研究』第 37 巻、日本教育方法学会、2012 年、pp. 1-12.
河野麻沙美「授業における『数学ツール』の使用と概念理解の検討―― P. Cobb の『立ち戻り』の視点から」『教育方法学研究』第 31 巻、日本教育方法学会、2006 年、pp. 13-24.
河原国男・中山迅・助川晃洋編著『小中一貫・連携教育の実践的研究――これからの義務教育の創造を求めて』東洋館出版社、2014 年
北神正行・木原俊行・佐野享子『学校改善と校内研修の設計』学文社、2010 年
北澤毅・古賀正義編著『〈社会〉を読み解く技法――質的調査法への招待』福村出版、1997 年
北田佳子「校内授業研究会における新任教師の学習過程――『認知的徒弟制』の概念を手がかりに」『教育方法学研究』第 33 巻、日本教育方法学会、2008 年、pp. 37-48.
北原琢也編著『「特色ある学校づくり」とカリキュラム・マネジメント――京都市立衣笠中学校の教育改革』三学出版、2006 年
木原健太郎『教育過程の分析と診断』誠信書房、1958 年
木原健太郎『授業診断』明治図書出版、1962 年
木原健太郎編『授業への挑戦』黎明書房、1968 年
木原健太郎編著『授業のコミュニケーション分析入門』明治図書出版、1983 年
木原俊行『授業研究と教師の成長』日本文教出版、2004 年
木原俊行『教師が磨き合う「学校研究」――授業力量の向上をめざして』ぎょうせい、2006 年
木村元・小玉重夫・船橋一男『教育学をつかむ』有斐閣、2009 年

京都大学高等教育教授システム開発センター編『大学授業研究の構想——過去から未来へ』東信堂、2002 年

P・グリフィン、B・マクゴー、E・ケア編、三宅なほみ監訳、益川弘如・望月俊男編訳『21 世紀型スキル——学びと評価の新たなかたち』北大路書房、2014 年

栗山和広「教授・学習研究の動向」『教育心理学年報』第 40 集、日本教育心理学会、2001 年、pp. 102-111.

栗山和広『授業の心理学——認知心理学からみた教育方法論』福村出版、2014 年

佐伯胖・佐藤学・浜田寿美男・黒崎勲・田中孝彦・藤田英典編『教師像の再構築』岩波書店、1998 年

佐伯胖・藤田英典・佐藤学編『学びへの誘い』東京大学出版会、1995 年

佐伯胖・藤田英典・佐藤学編『学び合う共同体』東京大学出版会、1996 年

佐伯胖・宮崎清孝・石黒広昭・佐藤学『心理学と教育実践の間で（新装版）』東京大学出版会、2013 年

坂本篤史『協同的な省察場面を通した教師の学習過程——小学校における授業研究事後協議会の検討』風間書房、2013 年

坂本昂『授業改造の技法』明治図書出版、1980 年

佐藤公治『認知心理学からみた読みの世界——対話と協同的学習をめざして』北大路書房、1996 年

佐藤学『教室からの改革——日米の現場から』国土社、1989 年

佐藤学『教育方法学』岩波書店、1996 年

佐藤学『教師というアポリア——反省的実践へ』世織書房、1998 年

佐藤学『学校の挑戦——学びの共同体を創る』小学館、2006 年

佐藤学・秋田喜代美・岩川直樹・吉村敏之「教師の実践的思考様式に関する研究（2）——思考過程の質的検討を中心に」『東京大学教育学部紀要』第 31 巻、東京大学教育学部、1992 年、pp. 183-200.

佐藤学・岩川直樹・秋田喜代美「教師の実践的思考様式に関する研究（1）——熟練教師と初任教師のモニタリングの比較を中心に」『東京大学教育学部紀要』第 30 巻、東京大学教育学部、1991 年、pp. 177-198.

澤本和子・授業リフレクション研究会編著『国語科授業研究の展開——教師と子どもの協同的授業リフレクション研究』東洋館出版社、2016 年

エリ・ヴェ・ザンコフ著、矢川徳光訳『授業の分析（上）』明治図書出版、1974 年

エリ・ヴェ・ザンコフ著、矢川徳光訳『授業の分析（下）』明治図書出版、1974 年
重松鷹泰『授業分析の方法』明治図書出版、1961 年
重松鷹泰・上田薫編著『R. R. 方式――子どもの思考体制の研究』黎明書房、1965 年
重松鷹泰・上田薫・八田昭平編著『授業分析の理論と実際』黎明書房、1963 年
重松鷹泰・上田薫・八田昭平編著『続・授業分析の理論と実際』黎明書房、1964 年
柴田好章『授業分析における量的手法と質的手法の統合に関する研究』風間書房、2002 年
柴田好章「教育学研究における知的生産としての授業分析の可能性――重松鷹泰・日比裕の授業分析の方法を手がかりに」『教育学研究』第 74 巻第 2 号、日本教育学会、2007 年、pp. 189-202.
清水良彦「多面的な授業分析の開発的研究――『子どもによる授業分析』を通して」『教育方法学研究』第 36 巻、日本教育方法学会、2011 年、pp. 13-23.
庄司他人男『ヘルバルト主義教授理論の展開――現代教授理論の基盤形成過程』風間書房、1985 年
ドナルド・ショーン著、佐藤学・秋田喜代美訳『専門家の知恵――反省的実践家は行為しながら考える』ゆみる出版、2001 年
ドナルド・A・ショーン著、柳沢昌一・三輪健二監訳『省察的実践とは何か――プロフェッショナルの行為と思考』鳳書房、2007 年
神藤貴昭・田口真奈「授業枠のゆらぎ――大学における学生主導型授業の構築の可能性」『教育方法学研究』第 26 巻、日本教育方法学会、2001 年、pp. 119-127.
杉本憲子「授業における『ずれ』に関する一考察――上田薫の『ずれ』の概念の検討と事例の考察を通して」『教育方法学研究』第 33 巻、日本教育方法学会、2008 年、pp. 121-131.
鈴木克明『教材設計マニュアル――独学を支援するために』北大路書房、2002 年
ハロルド・W・スティーブンソン、ジェームズ・W・スティグラー著、北村晴朗・木村進監訳『小学生の学力をめぐる国際比較研究――日本・米国・台湾の子どもと親と教師』金子書房、1993 年
ジェームズ・W・スティグラー、ジェームズ・ヒーバート著、湊三郎訳『日本の算数・数学教育に学べ――米国が注目する jugyou kenkyuu』教育出版、2002 年
砂沢喜代次編『学習過程の実践的研究』明治図書出版、1959 年
全国学校データ研究所編『全国学校総覧　2010 年版』原書房、2009 年

全国授業研究協議会編『授業研究入門』明治図書出版、1965年

全国授業研究協議会編『授業評価入門』明治図書出版、1969年

高垣マユミ編著『授業デザインの最前線——理論と実践をつなぐ知のコラボレーション』北大路書房、2005年

高垣マユミ編著『授業デザインの最前線Ⅱ——理論と実践を創造する知のプロセス』北大路書房、2010年

高垣マユミ「教授・学習研究の動向——教育実践に貢献する授業研究」『教育心理学年報』第50集、日本教育心理学会、2011年、pp. 117-125.

高橋早苗「反省的実践家としての教育実践記録の意義と活用——実践記録カンファレンスを通して」『教育方法学研究』第33巻、日本教育方法学会、2008年、pp. 46-60.

武田忠・伊藤功一編著『教師が変わるとき・授業が変わるとき——三本木小学校における授業研究の軌跡』評論社、1994年

多鹿秀継編著『認知心理学からみた授業過程の理解』北大路書房、1999年

田島信元『共同行為としての学習・発達——社会文化的アプローチの視座』金子書房、2003年

田代裕一「授業実践の様相－解釈的研究——グループ活動を含む授業事例の分析」『教育方法学研究』第35巻、日本教育方法学会、2010年、pp. 1-11.

田中耕治・鶴田清司・橋本美保・藤村宣之『新しい時代の教育方法』有斐閣、2012年

田中耕治・水原克敏・三石初雄・西岡加名恵『新しい時代の教育課程（第3版）』有斐閣、2011年

田中統治・大高泉編『学校教育のカリキュラムと方法』協同出版、2013年

田中博之『アクティブ・ラーニング実践の手引き——各教科等で取り組む「主体的・協働的な学び」』教育開発研究所、2016年

田中義隆『インドネシアの教育——レッスン・スタディは授業の質的向上を可能にしたのか』明石書店、2011年

恒吉宏典・深澤広明編『授業研究——重要用語300の基礎知識』明治図書出版、1999年

帝塚山学園授業研究所編『授業分析の理論』明治図書出版、1978年

豊田久亀『明治期発問論の研究——授業成立の原点を探る』ミネルヴァ書房、1988年

永井輝『幻の自由教育——千葉師範附属小の教育改革』教育新聞千葉支局、1986年

中島淑子「小学校低学年算数『長さ』における操作活動と概念の拡張」『教育方法学研究』第35巻、日本教育方法学会、2010年、pp. 13-23.

中田基昭編著『現象学から探る豊かな授業』多賀出版、2010年

中野民夫『ワークショップ——新しい学びと創造の場』岩波書店、2001年

中原淳監修、脇本健弘・町支大祐著『教師の学びを科学する——データから見える若手の育成と熟達のモデル』北大路書房、2015年

名古屋大学・東海市教育委員会教育実践問題支援プロジェクト編『授業記録による授業改革のプロセス——東海市小・中学校教師の挑戦』黎明書房、2004年

西之園晴夫『授業の過程』第一法規、1981年

西村圭一・松田菜穂子・太田伸也・高橋昭彦・中村光一・藤井斉亮「日本における算数・数学研究授業の実施状況に関する調査研究」『数学教育学会誌』第95巻第6号、日本数学教育学会、2013年、pp. 2-11.

21世紀COEプログラム東京大学大学院教育学研究科基礎学力研究開発センター編『日本の教育と基礎学力——危機の構図と改革への展望』明石書店、2006年

日本教育工学会編『教育工学事典』実教出版、2000年

日本教育方法学会編『自己学習能力の育成と授業の創造』明治図書出版、1992年

日本教育方法学会編『戦後教育方法研究を問い直す——日本教育方法学会30年の成果と課題』明治図書出版、1995年

日本教育方法学会編『新しい学校・学級づくりと授業改革』明治図書出版、1998年

日本教育方法学会編『子ども参加の学校と授業改革』図書文化社、2002年

日本教育方法学会編『現代の教育課程改革と授業論の探究』図書文化社、2005年

日本教育方法学会編『日本の授業研究 上巻・授業研究の歴史と教師教育』学文社、2009a年

日本教育方法学会編『日本の授業研究 下巻・授業研究の方法と形態』学文社、2009b年

日本教育方法学会編『教育方法学研究ハンドブック』学文社、2014a年

日本教育方法学会編『授業研究と校内研修——教師の成長と学校づくりのために』図書文化社、2014b年

日本教師教育学会編『教師として生きる——教師の力量形成とその支援を考える』学文社、2002年

ジョナサン・バーグマン、アーロン・サムズ著、山内祐平・大浦弘樹監修、上原裕美子訳『反転授業――基本を宿題で学んでから、授業で応用力を身につける』オデッセイコミュニケーションズ、2014 年

アンディ・ハーグリーブス著、木村優・篠原岳司・秋田喜代美訳『知識社会の学校と教師――不安定な時代における教育』金子書房、2015 年

橋本吉彦・坪田耕三・池田俊和『Lesson Study／今、なぜ授業研究か――算数授業の再構築』東洋館出版社、2004 年

長谷川栄・布川和彦・新井孝喜「授業における教授方略――『一つの花』の授業の比較分析」『教育方法学研究』第 17 巻、日本教育方法学会、1992 年、pp. 145-152.

浜田博文編『「学校の組織力向上」実践レポート――実践の成果と舞台裏』教育開発研究所、2009 年

デイヴィッド・ハミルトン著、安川哲夫訳『学校教育の理論に向けて――クラス・カリキュラム・一斉教授の思想と歴史』世織書房、1998 年

日比裕・重松鷹泰『授業分析の方法と研究授業――よりよい授業にするために』学習研究社、1978 年

日比裕・的場正美編『授業分析の方法と課題』黎明書房、1999 年

平田知美「『発達の最近接領域』の評価に関する実践的研究――算数授業におけるダイナミック・アセスメントの試み」『教育方法学研究』第 33 巻、日本教育方法学会、2008 年、pp. 13-24.

平山満義編著『質的研究法による授業研究――教育学／教育工学／心理学からのアプローチ』北大路書房、1997 年

深谷圭助「明治末期における鹿児島県師範学校附属小学校の自習法研究」『教育方法学研究』第 31 巻、日本教育方法学会、2006 年、pp. 97-108.

福井大学教育地域科学部附属中学校研究会編『中学校を創る――探究するコミュニティへ』東洋館出版社、2004 年

福井大学教育地域科学部附属中学校研究会編『学び合う学校文化』エクシート、2010 年

福井大学教育地域科学部附属中学校研究会編『専門職として学び合う教師たち』エクシート、2011 年

福岡県教育センター編『校内研修のすすめ方』ぎょうせい、2013 年

藤江康彦「教室談話の成立機制——行為－ローカルな文化－制度的装置の相互関連に着目して」『教育方法学研究』第 26 巻、日本教育方法学会、2001 年、pp. 73-85.

藤岡信勝『ストップモーション方式による授業研究の方法』学事出版、1991 年

J・T・ブルーアー著、松田文子・森敏昭監訳『授業が変わる——認知心理学と教育実践が手を結ぶとき』北大路書房、1997 年

米国学術研究推進会議編著、森敏昭・秋田喜代美監訳、21 世紀の認知心理学を創る会訳『授業を変える　認知心理学のさらなる挑戦』北大路書房、2002 年

A・A・ベラック、H・M・クリバード、R・T・ハイマン、F・L・スミス著、木原健太郎・加藤幸次訳『授業コミュニケーションの分析』黎明書房、1972 年

マイケル・ポラニー著、佐藤敬三訳『暗黙知の次元——言語から非言語へ』紀伊國屋書店、1980 年

松尾剛・丸野俊一「子どもが主体的に考え、学び合う授業を熟練教師はいかに実現しているか——話し合いを支えるグラウンド・ルールの共有過程の分析を通じて」『教育心理学研究』第 55 巻第 1 号、日本教育心理学会、2007 年、pp. 93-105.

松本裕司「明治 10 年代後半から 20 年代前半における実地授業批評の形成過程」『教育方法学研究』第 21 巻、日本教育方法学会、1996 年、pp. 19-27.

的場正美・柴田好章編『授業研究と授業の創造』溪水社、2013 年

水越敏行『授業評価の研究』明治図書出版、1976 年

水越敏行『授業改造と学校研究の方法』明治図書出版、1985 年

水越敏行『授業研究の方法論』明治図書出版、1987 年

水越敏行・吉崎静夫・木原俊行・田口真奈『授業研究と教育工学』ミネルヴァ書房、2012 年

美馬のゆり・山内祐平『「未来の学び」をデザインする——空間・活動・共同体』東京大学出版会、2005 年

三宅なほみ・東京大学 CoREF・河合塾編著『協調学習とは——対話を通して理解を深めるアクティブラーニング型授業』北大路書房、2016 年

村川雅弘編著『授業にいかす　教師がいきる　ワークショップ型研修のすすめ』ぎょうせい、2005 年

村川雅弘・田村知子・東村山市立大岱小学校編著『学びを起こす授業改革——困難校をトップ校へ導いた"大岱システム"の奇跡』ぎょうせい、2011 年

村瀬公胤「授業研究の現在」『教育学研究』第 74 巻第 1 号、日本教育学会、2007 年、pp. 41-48.
森田尚人・藤田英典・黒崎勲・片桐芳雄・佐藤学編『教育学年報 1　教育研究の現在』世織書房、1992 年
山崎準二『教師のライフコース研究』創風社、2002 年
山崎準二『教師の発達と力量形成——続・教師のライフコース研究』創風社、2012 年
やまだようこ編『現場心理学の発想』新曜社、1997 年
山室公司・久保田賢一「日本教育工学会論文誌の研究動向に関する考察——研究方法と研究対象からみた分析」『日本教育工学会論文誌』第 34 巻増刊号、日本教育工学会、2010 年、pp. 1-4.
湯浅恭正『障害児授業実践の教授学的研究』大学教育出版、2006 年
横浜市教育委員会編著『「教師力」向上の鍵——「メンターチーム」が教師を育てる、学校を変える！』時事通信出版局、2011 年
横浜市教育センター編著『授業力向上の鍵——ワークショップ方式で授業研究を活性化！』時事通信出版局、2009 年
吉崎静夫「授業研究と教師教育（1）——教師の知識研究を媒介として」『教育方法学研究』第 13 巻、日本教育方法学会、1988 年、pp. 11-17.
吉崎静夫「授業研究と教師教育（2）——教師の意思決定研究からの示唆」『鳴門教育大学研究紀要（教育科学編）』第 4 巻、鳴門教育大学、1989 年、pp. 341-356.
吉崎静夫『教師の意思決定と授業研究』ぎょうせい、1991 年
吉崎静夫『デザイナーとしての教師　アクターとしての教師』金子書房、1997 年
吉崎静夫「教育実践研究の特徴と課題」『日本教育工学雑誌』第 26 巻第 3 号、日本教育工学会、2002 年、pp. 107-115.
吉崎静夫『事例から学ぶ　活用型学力が育つ授業デザイン』ぎょうせい、2008 年
吉本均『授業と集団の理論』明治図書出版、1966 年
吉本均著、白石陽一・湯浅恭正編『現代教授学の課題と授業研究』明治図書出版、2006 年
ドミニク・S・ライチェン、ローラ・H・サルガニク編著、立田慶裕監訳、今西幸蔵・岩崎久美子・猿田祐嗣・名取一好・野村和・平沢安政訳『キー・コンピテンシー——国際標準の学力をめざして』明石書店、2006 年

ジェームス・V・ワーチ著、田島信元・佐藤公治・茂呂雄二・上村佳世子訳『心の声――媒介された行為への社会文化的アプローチ』福村出版、1995 年

第 7 章

「主体的・対話的で深い学び」の実現
―― アクティブ・ラーニングの視点からの授業改善に向けて

I　研究の意図

　2017年3月31日に改訂・告示された小・中学校学習指導要領の鍵概念、あるいはキーワードとしては、「社会に開かれた教育課程」、「主体的・対話的で深い学び」、「カリキュラム・マネジメント」、「育成を目指す資質・能力」の四つを挙げることが一般的であり、妥当である。これらについては、相即不離な関係にあって、一つのつながり、あるいはまとまりを成しているとも言えるし、まさにその通りであるが、いずれもが極めて重要かつオリジナルな視点を提供するものであることから、個別に入念な検討を施すこともまた、やはり必要不可欠である。このように考えて本章では、第二の事項、すなわち「主体的・対話的で深い学び」だけに着目する。我が国では、学習指導要領の改訂論議とは全く違う脈絡で、しかもそれが始まる以前から、アクティブ・ラーニングが注目を集め、導入・推進を求める声が日増しに高まり、各地の現場で対応が検討され、実践が創造されてきた事実があり、「主体的・対話的で深い学び」の問題は、そうした動向の延長線上にあると理解することができる。
　では「主体的・対話的で深い学び」という概念は、どのように登場したのか。それは、最大公約数的には、どのような意味なのか。その理念

や趣旨を具現化するためには、どのような課題を克服しなければならないのか。本章のねらいは、これらの問いに対する回答を順次提示することによって、「主体的・対話的で深い学び」にかかわる基本的な知見を得ることにある。

II　成立経緯

　アクティブ・ラーニングという概念は、いつ、どこで、誰が最初に使用したのか。関連する発想であれば、デューイ（John Dewey）の経験学習やヴィゴツキー（Lev Semenovich Vygotsky）の構成主義的学習観にまで遡及することができるであろうが、それでもルーツを厳密に特定することは、極めて難しい。同じことは、実践の起源についても言える。例えば企業内研修や地域・市民講座における協調学習の技法の一つであるワークショップの取り組みは、かなり以前から広く行われている。しかしアクティブ・ラーニングが我が国で一際注目を集めるようになったのは、大学における授業のあり方をめぐって、中央教育行政レベルでの議論が本格化したことが直接のきっかけであり、その時点から数えるのであれば、まだ10年ほどの年月しか経っていない。
　2008年3月25日に出された中央教育審議会大学分科会制度・教育部会の「学士課程教育の構築に向けて（審議のまとめ）」では、次のように述べられている。

　　学習の動機付けを図りつつ、双方向型の学習を展開するため、講義そのものを魅力あるものにすると共に、体験活動を含む多様な教育方法を積極的に取り入れる。
　　学生の主体的・能動的な学びを引き出す教授法（アクティブ・ラー

ニング）を重視し、例えば、学生参加型授業、協調・協同学習、課題解決・探求学習、PBL（Problem ／ Project Based Learning）などを取り入れる。大学の実情に応じ、社会奉仕体験活動、サービス・ラーニング、フィールドワーク、インターンシップ、海外体験学習や短期留学等の体験活動を効果的に実施する。学外の体験活動についても、教育の質を確保するよう、大学の責任の下で実施する。

付属の「用語解説」では、アクティブ・ラーニングについて、次のように述べられている。

　伝統的な教員による一方向的な講義形式の教育とは異なり、学習者の能動的な学習への参加を取り入れた教授・学習法の総称。学習者が能動的に学ぶことによって、後で学んだ情報を思い出しやすい、あるいは異なる文脈でもその情報を使いこなしやすいという理由から用いられる教授法。発見学習、問題解決学習、経験学習、調査学習などが含まれるが、教室内でのグループ・ディスカッション、ディベート、グループ・ワークなどを行うことでも取り入れられる。

また2012年8月28日に出された中央教育審議会の「新たな未来を築くための大学教育の質的転換に向けて〜生涯学び続け、主体的に考える力を育成する大学へ〜（答申）」では、次のように述べられている。

　生涯にわたって学び続ける力、主体的に考える力を持った人材は、学生からみて受動的な教育の場では育成することができない。従来のような知識の伝達・注入を中心とした授業から、教員と学生が意思疎通を図りつつ、一緒になって切磋琢磨し、相互に刺激を与

えながら知的に成長する場を創り、学生が主体的に問題を発見し解を見いだしていく能動的学修（アクティブ・ラーニング）への転換が必要である。すなわち個々の学生の認知的、倫理的、社会的能力を引き出し、それを鍛えるディスカッションやディベートといった双方向の講義、演習、実験、実習や実技等を中心とした授業への転換によって、学生の主体的な学修を促す質の高い学士課程教育を進めることが求められる。学生は主体的な学修の体験を重ねてこそ、生涯学び続ける力を修得できるのである。

同様の「用語集」では、アクティブ・ラーニングについて、次のように述べられている。

> 教員による一方向的な講義形式の教育とは異なり、学修者の能動的な学修への参加を取り入れた教授・学習法の総称。学修者が能動的に学修することによって、認知的、倫理的、社会的能力、教養、知識、経験を含めた汎用的能力の育成を図る。発見学習、問題解決学習、体験学習、調査学習等が含まれるが、教室内でのグループ・ディスカッション、ディベート、グループ・ワーク等も有効なアクティブ・ラーニングの方法である。

「教授が教壇にたって、自分のノートを朗読している。教室にはあふれんばかりの学生がつめかけ、その教授の朗読を懸命になって筆記している。その光景はまるで速記の練習場のようである。ふだん教授や学生のやっていることといえば、ノートの朗読とその筆記だけである」（明治末期の東大法科の風景）[1]。ここまで極端な状況は、もはやなかなか見られないであろうが、それでも二つの上記行政文書が、大学教育におけるア

クティブ・ラーニングの必要性を強調していることに対しては、少なくとも世間一般の人々からは、すんなりと理解されやすく、また大いに賛同を集められるはずである。

だがほどなくして、同じことが、初等・中等教育に対しても求められるようになる。2014 年 11 月 20 日に行われた下村博文文部科学大臣（当時）の中央教育審議会に対する「初等中等教育における教育課程の基準等の在り方について（諮問）」では、「新しい時代に必要となる資質・能力の育成に関連して」、それを「子供たちに育むためには、『何を教えるか』という知識の質や量の改善はもちろんのこと、『どのように学ぶか』という、学びの質や深まりを重視することが必要であり、課題の発見と解決に向けて主体的・協働的に学ぶ学習（いわゆる『アクティブ・ラーニング』）や、そのための指導の方法等を充実させていく必要があり」、「こうした学習・指導方法は、知識・技能を定着させる上でも、また、子供たちの学習意欲を高める上でも効果的である」と指摘されている。

しかし我が国の初等・中等教育、とりわけ小・中学校においては、大学の場合とは異なり、講義形式の授業が主流であり続けてきたわけでは決してない[2]。真相は逆である。仮に教師中心・主導としか言いようのない授業であっても、教師の発問や指示に児童・生徒が応答する場面が数多く見られ、またグループでの討論や話し合いが行われる方が一般的、普通であり、そうしたやりとりや動きに欠ける、あるいはそれらのないケースの方が例外的、希少である。このことは、国内の小・中学校に通った誰もが経験的に知っているはずであるし（世代や年齢によっては、必ずしもこれに当てはまらない方々が少なからずいること、また「問と答との距離が非常に短くなっている」[3]と批判されるような授業運営が、教科内容の過密化を背景として、かつて一時的に横行していたことなどは、もちろん承知している）、アメリカ、日本、ドイツの小学 4 年生と中学 2 年生を対象とし

た算数・数学授業のビデオ分析による国際的比較研究（TIMSS 1995 Video Study）を通じて、客観的に裏づけられた事実である[4]。

　アクティブ・ラーニングという高等教育由来の概念を、そのまま初等・中等教育の文脈に持ち込むことには、かなりの無理があるし、そもそも積極的な理由が見つからない。またそれに対しては、あまりにも多義的なカタカナ語であり、法令等での使用にはなじまないとの声が、当初から上がっていた[5]。そこで中教審では、アクティブ・ラーニングに取って代わるものとして、「主体的・対話的で深い学び」という概念を新たに作り出している。そして 2016 年 12 月 21 日に出された中央教育審議会の「幼稚園、小学校、中学校、高等学校及び特別支援学校の学習指導要領等の改善及び必要な方策等について（答申）」（＝中教審答申）では、「学習指導要領等の改善の方向性」の一つが、「『主体的・対話的で深い学び』の実現（『アクティブ・ラーニング』の視点）」と表現されている[6]。また中教審答申では、次のように述べられている[7]。

　　　平成 26 年 11 月の諮問において提示された「アクティブ・ラーニング」については、子供たちの「主体的・対話的で深い学び」を実現するために共有すべき授業改善の視点として、その位置付けを明確にすることとした。

すなわち学校で導入すべき学習形態は、あくまでも「主体的・対話的で深い学び」の方であり、アクティブ・ラーニングは、それを実現するための視点として位置づけられている。

第 7 章 「主体的・対話的で深い学び」の実現

III 公的規定

「『主体的・対話的で深い学び』とは何か」[8]。中教審答申では、この問いに対する回答が、次のように提示されている[9]。

○「主体的・対話的で深い学び」の実現とは、特定の指導方法のことでも、学校教育における教員の意図性を否定することでもない。人間の生涯にわたって続く「学び」という営みの本質を捉えながら、教員が教えることにしっかりと関わり、子供たちに求められる資質・能力を育むために必要な学びの在り方を絶え間なく考え、授業の工夫・改善を重ねていくことである。
○「主体的・対話的で深い学び」の具体的な内容については、以下のように整理することができる。
 「主体的・対話的で深い学び」の実現とは、以下の視点に立った授業改善を行うことで、学校教育における質の高い学びを実現し、学習内容を深く理解し、資質・能力を身に付け、生涯にわたって能動的（アクティブ）に学び続けるようにすることである。
 ① 学ぶことに興味や関心を持ち、自己のキャリア形成の方向性と関連付けながら、見通しを持って粘り強く取り組み、自己の学習活動を振り返って次につなげる「主体的な学び」が実現できているか。
 　子供自身が興味を持って積極的に取り組むとともに、学習活動を自ら振り返り意味付けたり、身に付いた資質・能力を自覚したり、共有したりすることが重要である。
 ② 子供同士の協働、教職員や地域の人との対話、先哲の考え方を手掛かりに考えること等を通じ、自己の考えを広げ深める「対

話的な学び」を実現できているか。
　身に付けた知識や技能を定着させるとともに、物事の多面的で深い理解に至るためには、多様な表現を通じて、教職員と子供や、子供同士が対話し、それによって思考を広げ深めていくことが求められる。

③ 習得・活用・探究という学びの過程の中で、各教科等の特質に応じた「見方・考え方」を働かせながら、知識を相互に関連付けてより深く理解したり、情報を精査して考えを形成したり、問題を見いだして解決策を考えたり、思いや考えを基に創造したりすることに向かう「深い学び」が実現できているか。
　子供たちが、各教科等の学びの過程の中で、身に付けた資質・能力の三つの柱［「知識・技能」、「思考力・判断力・表現力等」、「学びに向かう力・人間性等」］を活用・発揮しながら物事を捉え思考することを通じて、資質・能力がさらに伸ばされたり、新たな資質・能力が育まれたりしていくことが重要である。教員はこの中で、教える場面と、子供たちに思考・判断・表現させる場面を効果的に設計し関連させながら指導していくことが求められる。

○これら「主体的な学び」「対話的な学び」「深い学び」の三つの視点は、子供の学びの過程としては一体として実現されるものであり、また、それぞれ相互に影響し合うものでもあるが、学びの本質として重要な点を異なる側面から捉えたものであり、授業改善の視点としてはそれぞれ固有の視点であることに留意が必要である。単元や題材のまとまりの中で、子供たちの学びがこれら三つの視点を満たすものになっているか、それぞれの視点の内容と相互のバランスに配慮しながら学びの状況を把握し改善していくことが求められる。

中教審答申によれば、「主体的・対話的で深い学び」の実現とは、特定の指導方法を取り入れたり、教師の指導性を弱めたりすることではなく、学校での子どもの学びの質を高めるために、授業改善を重ねることである。それは、「主体的な学び」、「対話的な学び」、「深い学び」という三方向からのアプローチであり、それぞれの要点は、子どもが興味・関心を持って学びに向かい、見通しを持って粘り強く取り組み、自らの学習活動を振り返って次につなげること、他者との交流・協働や外界との相互作用を通じて、自身の考えを広げ、深めること、すでにあるものを記憶するのではなく、問題発見・解決を念頭に置いて、各教科等の特質に応じたものの見方や考え方をはたらかせることと整理することが可能である。そしてこれらは、視点としては個別のものであるが、子どもの学びの過程では、一体として実現され、相互に影響し合うことになる。ただし毎回の授業の中で、すべてを扱わなければならないわけではなく、単元や題材のまとまりの中で、指導内容のつながりを意識しながら実現することができるよう、従来の実践の蓄積を生かして指導計画を立案し、授業づくりを進めることが必要である。

IV　予想される困難

「主体的・対話的で深い学び」の実現をめざす過程で、指導する側の学校と教師は、多くの深刻な、難しい局面と向き合うことになる。学習者である子どもにとってもまた、状況は同じである。なかでも次の三つは、どうしても避けることができない。

第一。「教育課程の基礎理論」において水内宏は、次のように述べている[10]。

教科は、子どもに学習を迫る仕組みである。学校は教科の学習を行なうことによって、子どもに無条件の要求として学習を迫るのである。そしてその要求は、学校と教師による要求というあらわれ方をとるが、実はその背後に、社会的な力として子どもへの学習要求が存在している。すなわち学校と教師は、社会的な力の代弁者として、教科の授業において子どもに学習を要求しているのである。

　誤解を恐れずに言えば、教科指導としての授業は、基本的に強制の場である。小・中学校において児童・生徒は、学習指導要領及び同解説とそれらに準拠し、検定に合格した教科書に基づいて学校が編成した教育課程の下で、授業を受けることになる。社会から正式に委託された教師以外の何者かが、授業の内容・方法を決めることなど、まずあり得ないし、また子どもが、例えば「自分は違うことを学びたい」、「今日は気分が乗らないから授業に出たくない」という理由で否定的な態度をとることは、到底許されない。子どもには、授業の枠組みを受け入れた上で、その中で積極的に行動することが求められる。そしてこのとき子どもは、結局、主体的であるように見せること、さらには自分でもそのように振る舞っていると思い込むことになるのではないか（「いんちき屋は本当にゲームをプレイしているわけではないが、ゲームの制度まで放棄してはいない」[11]）。こうした一種のダブル・バインド状況、すなわち「受動的でありつつ能動的であれ」との両立要請が、子どもを苦しめることは、十分にあり得る。

　第二。『新しい学力』において齋藤孝は、次のように述べている[12]。

　　アクティブ・ラーニングに基づく授業の第二の視点として挙げた

「対話的な学び」、その象徴が、グループ・ディスカッションとプレゼンテーションである。これらは小中高校、大学で以前から行われてきたものだが、本当に有意義かというと、効果の薄いものも多いといわれる。場が活性化しないまま、なんとなくゆるりとした話し合いに終わることも多い。

Ⅱで述べたように、我が国の小・中学校の授業では、討論や話し合いといった学習活動が、以前から積極的に展開されている。その蓄積を踏まえつつ、今後、授業中の対話をより一層活性化するためには、教師にも子どもにも技術が必要である。例えばグループ・ディスカッションの場合であれば、教師は、子どもに対して、アイディア出しのためのディスカッションなのか、それとも解決策の妥当性を検証するディスカッションなのかなど、何が目的で、ゴールなのかをあらかじめ明確にし、指し示さなければならない。子どもの側も、事前に自分の意見や考えを整理してから、本番に臨むとよい。テーマにかかわるデータ、事実、論拠を意識する。他者の考えをしっかりと聞き、細大漏らさずメモをとる。各自が自分の意見を発表し、相手に質問をする。これらもまた、活発なディスカッションの要件である。しかし実行することは、決して簡単ではない。また新学習指導要領体制下において、限られた授業時間数の中で、従来より多くの教科内容を扱わなければならない、これからの学校と教師にとって、果たしてディスカッションを丁寧に組織するだけの余裕があるのかどうか。対話それ自体が自己目的化した実践、先行研究に倣って強い言い方をすれば、「アクティブ・ラーニング自体が目的のダメ事例」(「外面的に活動的な姿（ダメなアクティブ・ラーニング）を目的としたダメ事例」、「目的がずれているダメ事例」)[13] ばかりを生み出すことのないように、教室レベルでは様々な創意工夫が求められる。

第三。『アクティブ・ラーニング「深い学び」実践の手引き』において田中博之は、次のように述べている[14]。

 たとえ授業が課題解決的な学習になったとしても、学習課題やめあてに魅力がなければ、やはり子どもたちは我慢して取り組むだけであり、集中してはくれないでしょう。
 子どもの追究意欲や集中して取り組む態度などの「学びに向かう力」は、何よりもまず学習課題の魅力にかかっているといえます。

 子ども達が思考を深め、作品を練り上げ、技能を磨き合い、多様な資質・能力を育て、課題解決を図るには、少人数で共同・協働作業を行うグループ・ワークが有効である。しかし教師の問いかけが曖昧だと、それは、思考や表現が進まず、深まらない「おしゃべり活動」となり、かえって「浅い学び」で終わってしまうことになる(「活動あって学びなし」)。例えば「聖徳太子について調べよう」、「被子植物について学ぼう」といった、学習の範囲や対象を示すだけの課題や、「第二段落での主人公の気持ちを考えよう」、「練習問題1を解こう」といった、決められた順序に沿って淡々と進んでいく課題では、子どもが達成したいという動機を持つことができない(少なくともできにくい)。こうした事態を回避するために、学習課題の設定に際しては、「意外性」(「あれ、不思議だな?」、「なぜだろう?」、「おかしいな、今までの方法では解けないよ」)、「適度な困難性と活用可能性」(「あともう少しで解けそうだ」、「前の時間で学んだことを使えばできそうだ」)、「活動誘発性」(「○○してみたいな」、「○○が起きた原因を探り、資料を引用して説明しよう!」) という三つの要素を満たすこと、すなわち学びの当事者である子どもにとっての切実さが必要である[15]。そして課題は、グループ・ワークのねらいとともに、(板書するだけで済ませるよ

りも）ワークシートを配布して、そこに書き込ませるとよいだろう。可視化によってこそ、意識化がもたらされる。

V　今後の課題

　「主体的・対話的で深い学び」の実践報告は、書物に掲載されているものだけに限ってみても、すでにかなりの数に上っている。例えば稲井達也・吉田和夫編著『主体的・対話的で深い学びを促す中学校・高校国語科の授業デザイン』では、グループでの話し合い、ホットシーティング、ジグソー法、新聞記事、反転学習、ディベート、国際バカロレア、タブレット端末、パフォーマンス評価等の「学びの技法」を用いた小・中・高等学校国語授業の15事例が、詳しく紹介されている[16]。こうした手法に一定の意義を認めることは、もちろん吝(やぶさ)かではない。それどころか、益々の普及を推奨したいとさえ思う。しかしそれは、子どもが、いわば活動疲れ（「ワークショップ疲れ」、「アクティブ・ラーニング疲れ」）を引き起こす可能性について、教師による適切な配慮がなされているならば、という条件つきの話である。教育改革の動向に即し、その要請に応えようとするあまり、教師の思いばかりが先走り、目の前の子どもが飽きてしまったり、不満を感じたりするようでは（「げっ、また6人グループになんの？」、「またポスターとマジックと付箋紙かよ」、「どうせ、どんな提案をしても、落としどころが、最初から決まってるんでしょ」）[17]、やはり本末転倒と言うよりほかにない[18]。

　では紛うことなく、真に「主体的・対話的で深い学び」であると自他ともに認めることができる実践とは、一体どのようなものなのか。広く事例を探索し、特定し、慎重に検討し、意義づける作業を行った上で、その特徴や成果について、稿を改めて述べることにしたい。

注

1 潮木守一『キャンパスの生態誌——大学とは何だろう』中央公論社、1986 年、pp. 38-39.

2 ただし「小・中学校と比較して高校の場合は『教員主導の講義形式』が依然として多く、一方で『グループ活動を取り入れた授業』や『児童・生徒どうしの話し合いを取り入れた授業』はかなり少ない」と言われている。
伯井美徳・大杉住子『2020 年度大学入試改革！ 新テストのすべてがわかる本』教育開発研究所、2017 年、p. 18.

3 大田堯『学力とはなにか——「問」と「答」との間にみる現化教育の危機』国土社、1990 年、p. 170.

4 ジェームズ・W・スティグラー、ジェームズ・ヒーバート著、湊三郎訳『日本の算数・数学教育に学べ——米国が注目する jugyou kenkyuu』教育出版、2002 年

5 2017 年 2 月 15 日の朝日新聞が伝えるところによると、その前日に新学習指導要領改訂案が公表された際にも、「文科省の担当者は『学習指導要領は広い意味での法令にあたり、定義がないカタカナ語は使えない。AL は多義的な言葉で概念が確立していない』と説明」した。

6 文部科学省教育課程課・幼児教育課編『別冊初等教育資料』2 月号臨時増刊（通巻 950 号）東洋館出版社、2017 年 2 月、p. 45.

7 同上、p. 63.

8 同上、p. 64.

9 同上、pp. 64-65.
学習指導要領には、法令文書としての様々な制約があるのに対し、中教審答申の方は、細部に至るまで、かなり見えやすい形で表現されている。そのためⅢでは、中教審答申に沿って論じていくことにする。第 8 章のⅢと第 9 章のⅢでも、これと同様に対応する。

10 水内宏「教育課程の基礎理論」川合章・城丸章夫編『講座日本の教育 5 教育課程』新日本出版社、1976 年、p. 39.

11 バーナード・スーツ著、川谷茂樹・山田貴裕訳『キリギリスの哲学——ゲームプレイと理想の人生』ナカニシヤ出版、2015 年、pp. 41-42.

12 齋藤孝『新しい学力』岩波書店、2016 年、pp. 25-26.

13 寺本貴啓・後藤顕一・藤江康彦編著『"ダメ事例"から授業が変わる！ 小学校のアクティブ・ラーニング入門——資質・能力が育つ"主体的・対話的な深い学び"』文溪堂、2016 年、p. 14.

14 田中博之『アクティブ・ラーニング「深い学び」実践の手引き——新学習指導

要領のねらいを実現する授業改善』教育開発研究所、2017 年、p. 102.
15　同上、pp. 102-103.
16　稲井達也・吉田和夫編著『主体的・対話的で深い学びを促す中学校・高校国語科の授業デザイン――アクティブ・ラーニングの理論と実践』学文社、2016 年、pp. 42-163.
17　中原淳「『ワークショップ疲れ』という現象の背後にあるもの：『風呂敷的ムーヴメントとしてのワークショップ』の普及と変化」（http://www.nakahara-lab.net/2013/02/post_1948.html accessed 12 October 2017）
18　上田信行・中原淳『プレイフル・ラーニング――ワークショップの源流と学びの未来』三省堂、2012 年

第 8 章

カリキュラム・マネジメント実践における「つながり」の創出
―― 特に学校段階間の接続に焦点を当てて

I 研究の対象と課題

　2017 年 3 月 31 日に改訂・告示された小・中学校学習指導要領では、「カリキュラム・マネジメント」が、「社会に開かれた教育課程」、「主体的・対話的で深い学び」、「育成を目指す資質・能力」とともに、鍵概念、あるいはキーワードの一つとなっており、その取り組みを積極的に進めることが、全国の学校に対して要請されている。そこでは、とりわけ次の三つの方向関係を構築し、大切にすることが推奨されている。

（1）ヨコ：教科等間の横断的共同
（2）タテ：学校段階間の接続
（3）ナナメ：家庭・地域との連携・協働

　では、これからの時代に求められるカリキュラム・マネジメント実践とは、具体的には、一体どのようなものであるのか。本章では、カリキュラム・マネジメントの理念的な定義を確認した上で、差し当たり（2）のケースだけを俎上に載せて、この問いに対する、いわば官製レベルでの

回答の要点を整理し、それについて、やや抑制的な立場からコメントを加える。

なお（1）と（3）については、本章では考察の埒外とし、別の機会に論じることにする。取り上げる項目を限定するのは、議論が散漫になることを防ぐため、順番が前後しているのは、研究の進捗状況を反映しているためである。上述した以外の今後の課題については、まとめに代えて、最後に述べる。

II　カリキュラム・マネジメントの定義

　カリキュラム・マネジメントとは、端的に言えば、各学校において、教育目標をよりよく達成するために、カリキュラム、すなわち教育計画及び日々の授業とそれらの評価・改善のプロセスを中核として行う学校づくりであり、学校改善である。より厳密に規定すれば、「教育の目標・内容系列とそれを支える条件整備活動とに対応関係を持たせながら、それを学校文化の存在を媒介として、学校を変えていくために、動態化していく営み」[1]、あるいは「①学校の教育目標を具現化するために、②評価から始めるカリキュラムのマネジメントサイクルに、③組織文化を含めた学校内外の諸条件のマネジメントを対応させ、④これを組織的に動態化させる課題解決的な営み」[2]である。

　その基軸となるのが、カリキュラム研究者の語法に従えば、教育目標－内容－方法の「連関性」と関係者の「協働性」であり、平たく言えば、「つながり」である。いかに教育活動のつながりを作るか。いかに人と人とのつながりを作るか。いかに学校の内と外とのつながりを作るか。例えばこれらが、効果的なカリキュラム・マネジメント実践のポイントである[3]。

III　中教審答申の学校間接続構想

　2016年12月21日に出された中央教育審議会の「幼稚園、小学校、中学校、高等学校及び特別支援学校の学習指導要領等の改善及び必要な方策等について（答申）」（＝中教審答申）では、第2部「各学校段階、各教科等における改訂の具体的な方向性」の第1章「各学校段階の教育課程の基本的な枠組みと、学校段階間の接続」の6「学校段階間の接続」において、文字通り、学校段階間の接続の問題が真正面から論じられている[4]。その「概要」は、次の通りである[5]。なお（幼稚園、小学校、中学校、高等学校等と特別支援学校との連続性）と（職業との接続）についての部分は、必ずしも本章の意図に合致する箇所ではないので、あえて省略した（ただし参考までに、また補足の意味で注記する[6]）。

（幼児教育と小学校教育の接続）
・幼児教育において、資質・能力の三つの柱［「知識・技能」、「思考力・判断力・表現力等」、「学びに向かう力・人間性等」］に沿って内容の見直しを図ることや、「幼児期の終わりまでに育ってほしい姿」を位置付けることを踏まえ、小学校において、生活科を中心としたスタートカリキュラムを位置付け、幼児期に総合的に育まれた資質・能力や子供たちの成長を、各教科等の特質に応じた学びにつなげていく。

（小学校教育と中学校教育の接続）
・義務教育9年間を通じて、子供たちに必要な資質・能力を確実に育むことを目指し、小・中学校間の連携の取組を充実させる。小学校高学年は、専科指導を拡充するなどにより、中学校への接続を見据えた指導体制の充実を図る。

第8章　カリキュラム・マネジメント実践における「つながり」の創出

（中学校教育と高等学校教育の接続）
・中学校においては、義務教育段階で身に付けておくべき資質・能力をしっかりと育成した上で、高等学校では、必要に応じて学び直しの視点を踏まえた教育課程を編成するとともに、生徒が適切な教科・科目を選択できるよう指導の充実を図る。また、高等学校入学者選抜について、資質・能力を育む次期学習指導要領の趣旨を踏まえた改善を図る。

（高大接続）
・高大接続改革は、高等学校教育、大学教育、大学入学者選抜の在り方を一体的に改革するものであり、大学入学者選抜においては、高等学校教育を通じて育まれた生徒の力を多面的に捉えて評価していくこと、大学教育においては、高等学校教育における成果を更に伸ばすことを目指している。高等学校においては、こうした高大接続の見通しを持ちながら、教育課程の編成・実施・改善、指導や評価の充実を図っていくことが求められる。

　中教審答申を見ると、幼小間では、幼稚園教育要領が規定する5領域（「健康」、「人間関係」、「環境」、「言葉」、「表現」）の内容の見直し、生活科を中心としたスタートカリキュラムの整備とその位置づけの明確化、合科的・関連的な指導や環境構成の工夫、小中間では、同一中学校区内における小中連携の充実、小学校高学年の教科指導における専門性の強化、義務教育学校制度下での特例的な教育課程の編成・実施といった取り組みが例示されている。中高間では、中学校における義務教育段階での学習内容の確実の定着と高等学校における学び直し（学びの共通性の確保）や選択履修の促進、高校入試改革、中等教育の多様化と生徒の個性を重視した教育の実現を志向した中高一貫教育制度の活用、高大間では、ア

クティブ・ラーニングの視点に基づく生徒の学びの質の向上、大学入試改革、大学教育の三つの方針（ディプロマ、カリキュラム、アドミッションの各ポリシー）の策定といった取り組みが示されており、これらを方法とすることによって、異校種間のギャップや段差を解消し、「円滑な接続」[7]を実現することが期待されている。このとき接続という言葉は、『広辞苑』にある「つなぐこと。つながること。続けること。続くこと」という通常の意味通りに理解されており、「電線を－する」、「次の駅で特急に－する」という用例の場合と何等変わりがない[8]。

IV　articulation の両義性

　我が国の教育と教育学の世界では、英語の articulation が接続と翻訳され（もちろんアーティキュレーションのままでも十分に通用する）、異なる、しかし隣接している段階にある学校の間の調整関係を意味する言葉として、自明のタームであるかのように使われている。

　しかし articulation に、そのような意味を持たせたのは、ある一時期のアメリカ教育改革運動の担い手達の所為である。『アメリカ六・三制の成立過程』において市村尚久は、次のように述べている[9]。

　　学校制度改革で、学校教育の年限（期間）の変更が問題になる場合には、隣接する学校間の調整問題が起こるのは必然である。その調整問題は、アメリカでは「アーティキュレーション（Articulation）」という用語で問題にされることがおおい。この「用語」がアメリカではじめて使われた時点はよくわからない。しかし歴史的制約を受けてきた概念であることは確かで、特に20世紀初頭1910年代の中等学校改造運動の最盛期に頻繁に使われるようになり、以後定着し

第8章　カリキュラム・マネジメント実践における「つながり」の創出

てきたといってよいであろう。

　そしてより基本的なことを言えば、そもそも上記の意味は、一般社会の中では、十分な市民権を得ていない。試しにいくつかの英和辞典に当たってみると、『ユニオン英和辞典』では、articulation は、「明確な発音、ことばの明瞭さ、〔植物〕節、〔解剖学〕（関節の）結合」[10]を意味する英単語と説明されている。同程度に手頃なサイズの別の辞書でも、これとほぼ同様の記述ばかりが見出される。とても持ち歩けないほど大きく、分厚く、重い『新英和大辞典』を引いてようやく、その意味内容が、より多く、なおかつより詳しく列挙される中で、教育用語としての側面にはじめて出会うことができる（下線は筆者による。このうち注目すべきであるのは、括弧内の前半部分までである）[11]。

1　〔音声〕a　調音
　　　　　 b　言語音、話音、（特に）子音
2　明瞭な発音、発音（ぶり）
3　（考えなどの）明確な表現、（形などの）明確な表示
4　a　〔通信〕明瞭度（言語を正しく聴取し得る度合）
　　b　〔音楽〕アーティキュレーション（各音を明瞭に打ち出すこと、旋律を幾つかの部分に分割して、旋律の特徴を強調すること）
5　a　統合、一体化
　　b　（密接な）相互関係
　　c　<u>〔教育〕調整（初等と中等など異なる教育段階間の相互の接続をはかること、学校・教会および家庭での教育を関連づけること）</u>
6　〔言語〕a　分節（発話の各部分を有意味な言語音に分けること）
　　　　　 b　有節構造（発話の各部分が連結詞で結ばれている構造）

177

7 〔建築〕分節、節づけ(造型モティーフの単位を明確にしてアクセントをつけること)
8 a 〔解剖・生物〕関節結合、関節
  b 〔植物〕節
9 〔歯科〕a 人工歯排列(機能上、外観上具合よく人工歯を配置すること)
      b 咬交(下顎の歯が上顎の歯に接触しながら滑走すること)
      c 咬合

　articulation が、何かと何かをつなぐこと、あるいは何かと何かがつながれている状態を指すこと、それは間違いない。解剖学上の関節という語義は、それを典型的に表している。すなわち二つの独立した部分を結びつけるという意味であるが、ここで注意しなければならないのは、一方では「つなげる」という連続面を表すと同時に、他方では「分ける」、「節をつける」という不連続面を表すという正反対の両面があることだ。この不連続面は、音声学上の分節化という語義に典型的に表れている。そしてこれは、教育方法学や教育工学、とりわけ授業分析・研究の領域にも転用されている。そこでは articulation の意味が、一つの授業をいくつかの段階や場面に分けることとして把握されている[12]。

　このように articulation には、ただ一直線につなげるというだけでなく、あるところで物事を区分するという意味がある。しかしこのことは、学校制度体系にかかわる我が国での議論の中では、ほとんど意識されていないのではないか。少なくとも中教審答申の中では、ほとんどどころか、全くと言い切っても差し支えない。

　例えば小中一貫教育という言葉は、そもそも小学校と中学校は別物だということを明確に表現している。そのことを踏まえた上で、両者をど

のようにつなげていくか。またそれぞれの独自性をどのように維持・発展させていくか。つながりと区分、この両面を常に念頭に置いて、小中一貫教育について考えていくことこそが、何より必要であろう。幼小、中高、高大のいずれの場合でも、この辺りの事情は全く同じである。双方をつなげること自体が目的となってはならないし、ただ表面上の連続形式を整えるだけで、何かの問題が解決したり、事態が好転したりすることなど決してあり得ない。中央教育行政の意向を無条件に肯定し、それに従って勢いよく事を進めさえすればよいのではなく、それぞれの現場の実情に照らして、新学習指導要領の理念や趣旨を具現化するためには、学校段階間の接続のあり方をどうするかという視点を共有し、一旦立ち止まり、「これまで」を振り返り、「これから」を展望し、子どものために責任ある決断をすることが、教育関係者には求められているはずである。

V　タイム・マネジメントへの着目

中教審答申では、次のように述べられている[13]。

> 各小学校が行う時間割の編成なども、学校における子供の生活時間を、教育課程の指導内容や授業時数との関係でどのようにデザインするかという観点から行われるカリキュラム・マネジメントの一部であると言える。

この提言を受けて、小学校におけるカリキュラム・マネジメントの在り方に関する検討会議が 2017 年 2 月 14 日にまとめた「報告書」では、「新しい学習指導要領に基づいて実施されるカリキュラム・マネジメントの

うち、特に『時間』という資源をどのように教育内容と効果的に組み合わせていくのかを検討する際の参考となるよう、時間割編成にあたっての基本となる考え方や、授業時数確保に向けて考えられる選択肢と必要となる条件整備などのポイント」が「整理」されている。その「本体」のうち、冒頭の「本報告書のねらい」を除いた本論部分の基本的な構成は、次の通りである。

1. 小学校における時間割編成の現状
2. 時間割編成に当たっての課題
3. 新しい教育課程における時間割編成の基本的な考え方
4. 授業時数増に対応した時間割の編成
5. 各学校における時間割編成を支えるために必要な方策

そして「時間割の改革」[14] は、「特色ある学校づくり」とカリキュラム・マネジメントに取り組んだ自称「日本全国どこにでも存在する、ごく普通の公立中学校」[15] の事例報告において、校長のリーダーシップ、「逆向き設計」（backward design）論に基づくカリキュラム・単元設計[16]、パフォーマンス課題とルーブリックづくり、総合的な学習の時間の実践等とともに主題化されていることから推測され得るように、小学校に限らず、中学校においてもまた、それどころか段階や種類にかかわらず、すべての学校にとって非常に切実な課題である。「報告書」では、次のように述べられている。

　　本報告書は、小学校関係者を中心とした検討会において議論を深めた成果をまとめたものであるが、時間割編成に当たって課題となる点や、新しい教育課程における時間割編成の基本的な考え方等

は、中学校などにおいても共通するものであり、他の学校種における時間割編成にも活用されることを期待したい。

　例えば（10〜15分程度の）短時間学習（帯学習、モジュール学習）や（小学校であれば、45分に15分を加えた）60分授業の導入、土曜日や長期休業期間の活用、週当たりコマ数の増加、そして場合によってはこれらの組み合わせ等、各学校における弾力的な授業時間の設定や時間割編成の問題をどうするかについては、事例を挙げながら、具体的な検討を行う必要がある。

注

1　中留武昭編著『カリキュラム・マネジメントの定着過程——教育課程行政の裁量とかかわって』教育開発研究所、2005年、p. 330.
2　村川雅弘・田村知子・東村山市立大岱小学校編著『学びを起こす授業改革——困難校をトップ校へ導いた"大岱システム"の奇跡』ぎょうせい、2011年、p. 184.
3　助川晃洋・赤崎真由美・坂元祐征・中山迅・竹内元「『地域とともにある学校づくり』と小中一貫教育の実践」『宮崎大学教育文化学部紀要（教育科学）』第31号、宮崎大学教育文化学部、2014年8月、pp. 23-24.
　　田村学編『カリキュラム・マネジメント入門——「深い学び」の授業デザイン。学びをつなぐ7つのミッション。』東洋館出版社、2017年
4　文部科学省教育課程課・幼児教育課編『別冊初等教育資料』2月号臨時増刊（通巻950号）東洋館出版社、2017年2月、pp. 120-122.
5　同上、p. 19.
6　同上
　　（幼稚園、小学校、中学校、高等学校等と特別支援学校との連続性）
　　・子供たちの学びの連続性を確保する観点から、知的障害のある児童生徒のための各教科の目標・内容の考え方や、重複障害者等の教育課程の取扱いを適用する留意点について、小・中学校等の各教科の目標・内容との連続性に留意して整理するとともに、小学校等と特別支援学校の間での転

校に当たって、継続的な指導や支援が行われるよう、個別の教育支援計画や個別の指導計画の引き継ぎ、活用についての考え方の留意点を示す。
（職業との接続）
・学校教育においては、子供たちが社会・職業へ移行した後までを見通し、学校教育を通じて育成を目指す資質・能力を明確にし、教育課程を編成していく。高等学校においては、進路の先にある職業を考えながら、必要な資質・能力を育成する教育課程の改善・充実を図るとともに、卒業後に就職を希望する生徒の具体的なニーズに応えるよう、企業等とも連携し、より実践的な教育活動が展開できる体制整備等を進める。

7　同上、p. 121.
8　『広辞苑（第6版）』岩波書店、2008年、p. 1576.
9　市村尚久『アメリカ六・三制の成立過程——教育思想の側面からの考察』早稲田大学出版部、1987年、p. 344.
10　『ユニオン英和辞典（第2版）』研究社、1978年、p. 70.
11　『新英和大辞典（第5版）』研究社、1980年、p. 119.
12　柴田好章「話し合いを中心とする授業の分析手法の開発と適用——語の出現頻度による授業の分節構造の特徴化」『日本教育工学雑誌』第23巻第1号、日本教育工学会、1999年6月、pp. 1-21.
13　4と同じ、pp. 99-100.
14　北原琢也編著『「特色ある学校づくり」とカリキュラム・マネジメント——京都市立衣笠中学校の教育改革』三学出版、2006年、pp. 138-154.
15　同上、p. v.
16　助川晃洋「学力保障をめざすカリキュラム設計の理論としての『逆向き設計』論とそれに基づく中学校教育実践事例の検討——北原琢也編著『「特色ある学校づくり」とカリキュラム・マネジメント』を読む」『宮崎大学教育文化学部紀要（教育科学）』第22号、宮崎大学教育文化学部、2010年3月、pp. 15-28.

第 9 章

方法的措置としての小中連携
―― 学習指導要領の理念を具現化するために

1 はじめに

　近年の我が国では、幼小から高大までの異校種間連携のうち、とりわけ小中連携に取り組む公立学校が、急速に増加している。2017 年 3 月 31 日に改訂・告示された小・中学校学習指導要領の両方が、揃って「教育課程の編成に当たっては（中略）学校段階等間の接続を図るものとする」[1]と述べて、カリキュラム・アーティキュレーションの実現を勧めていることからすれば、こうした傾向には、今後より一層の拍車がかかるに違いない。
　では、新学習指導要領体制下において、小中連携をどう進めるか。そのあり方については、これまで同様、これから先も、全国一律ではなく、それぞれの学校や地域が、実情を踏まえたローカル・オプティマムを追求することにより、様々な状況が見受けられて当然である。しかしこのことを十分に承知した上で、それでも本章では、上記の問いに対する一つの、基盤的な、しかも可能な限り最大公約数的な回答を提示することを試みる。最終判断は、現場にいる当事者の裁量に委ねるにしても、それでも個々の実践を創造する際の有益な参照基準を示そうと努力することは、やはり教育方法学研究者の責務であると筆者は考える。

II　概念理解

　中央教育審議会初等中等教育分科会の学校段階間の連携・接続等に関する作業部会が 2012 年 7 月 13 日にまとめた文書「小中連携、一貫教育に関する主な意見等の整理」では、「小中連携」と「小中一貫教育」という二つの類似した概念が、次のように区別されている。

　　「小中連携」…小・中学校が互いに情報交換、交流することを通じ、
　　　　　　　　小学校教育から中学校教育への円滑な接続を目指す
　　　　　　　　様々な教育
　　「小中一貫教育」…小中連携のうち、小・中学校が 9 年間を通じた教
　　　　　　　　　　育課程を編成し、それに基づき行う系統的な教育

　この説明では、「連携」の方が広く、「一貫」は、その中に包含されたものとみなされている。実際には、両者を指して小中一貫教育（連携型、あるいは施設分離型のそれ）と総称する場合も少なくないだけに、全面的な支持とまでは言えないにせよ、それでも基本的に了承することができる整理・規定であると考えられる。これについては、公的な会議の場や関係する議論の過程で、どこかに手が加えられたという話は聞いていないし、その限りにおいて、現時点でなお、一定の有効性を持っているはずである。

III　基本構想

　2016 年 12 月 21 日に出された中央教育審議会の「幼稚園、小学校、中学校、高等学校及び特別支援学校の学習指導要領等の改善及び必要な方

策等について（答申）」（＝中教審答申）の「概要」では、第2部「各学校段階、各教科等における改訂の具体的な方向性」の第1章「各学校段階の教育課程の基本的な枠組みと、学校段階間の接続」の6「学校段階間の接続」において、(小学校教育と中学校教育の接続)という見出しの下、次のように述べられている[2]。

・義務教育9年間を通じて、子供たちに必要な資質・能力を確実に育むことを目指し、小・中学校間の連携の取組を充実させる。小学校高学年は、専科指導を拡充するなどにより、中学校への接続を見据えた指導体制の充実を図る。

そして中教審答申本体の第2部第1章6の(2)「小学校教育と中学校教育の接続」では、より詳しく、次のように述べられている[3]。

○小学校・中学校の接続については、義務教育9年間を通じて、子供たちに必要な資質・能力を確実に育むことを目指し、同一中学校区内の小・中学校間の連携の取組の充実が求められる。
○具体的な取組の工夫として、例えば以下のようなことが考えられる。
・学校運営協議会や地域学校協働本部の会議等の合同開催などの機会を通して、各学校で育成を目指す資質・能力や、それに基づく教育課程の編成方針などを、学校、保護者、地域間で共有し必要に応じて改善を図ること。
・校長・教頭等の管理職が集まる機会を用いて、各学校で育成を目指す資質・能力や、それに基づく教育課程の編成方針などを共有し必要に応じて改善を図ること。

・教職員による合同研修会を開催し、当該中学校区で9年間を通じて育成を目指す資質・能力との関係から、各教科等、各学年の指導の在り方を考えるなど、学習指導の改善を図ること。
・同一中学校区内の小・中学校のPTA代表が集まる場や、各小・中学校のPTA総会の場等において、同一中学校区内の小・中学校の取組の共有や、保護者間の連携・交流を深めること。

○また、小学校高学年に関しては、子供たちの抽象的な思考力が高まる時期であり、指導の専門性の強化が課題となっていることを踏まえ、専科指導を拡充するなどにより、中学校への接続を見据えた指導体制の充実を図ることが必要である。

○さらには、小中一貫教育による特色ある教育課程を編成できる制度として創設された、義務教育学校制度における教育課程の特例措置を活用することによって、小学校高学年の発達の段階における課題に対応した教育内容と指導体制を確立し、小学校教育と中学校教育を円滑に接続させ、特色ある教育活動を展開していくことも効果的であると考えられる。

　ここでは、同一中学校区内における小中連携の充実、小学校高学年の教科指導における専門性の強化、義務教育学校制度下での特例的な教育課程の編成・実施という三つの柱が設けられており、このうち最初の小中連携についてだけは、具体的な取り組みの工夫として、四つの事項が例示されている。そこでは「共有」という言葉が、三度にわたって登場しており、それが用いられていない項目も含めて、とりわけ「各学校で育成を目指す資質・能力や、それに基づく教育課程の編成方針」、もう少しかみ砕いて言えば、小・中学校段階で、子どもにどのような力を身につけさせようとするのか、そのためにどのようなカリキュラムを組むの

かについて、すべての関係者が共通理解し、共通実践を図ることが求められている。

Ⅳ 実践方法 [4]

小中連携の様々な実践に対しては、そのねらいやスタイルがそれぞれ違っているとしても、特に教師同士による企画・立案段階に着目する限りにおいて、通常のケース以上に、学校を基盤とし、子どもの実態を踏まえたカリキュラム開発の取り組みであることが、ほぼ共通に期待されている。それに応えるためには、次の三つの手順、あるいはステップを踏むことが望ましい。

> (1) 情報・データの交換・共有
> 　小・中学校の教師双方の間で、小中連携を進めるに当たっての基本情報が欠けている場合が少なくない。共通のテキストやテーマを定めて、合同の研究・研修会を開催する。学校経営案や教育課程実施計画書を交換する、あるいは共同で作成する。異校種の教師を自校の評価委員会のメンバーに加える。例えばこのような取り組みによって、相互のやりとりは自ずと密になり、すべての教師が、必要な情報を共有することが可能になるだろう。
> 　また子どもの現状、とりわけ学力の実態にかかわるデータが小・中学校間で交換され、共有されるとよい。各種学力調査の結果を合同で分析することができれば、校種をまたいだ形で学習指導上の共通課題が発見され得るであろうし、個々の子どもについて、小学校時代の学習経験や習熟の程度がデータとして蓄積され、閲覧可能な形で整理されていれば、中学校の教師は、それを参考にして、「個に応じた指導」を行うことができよう。
>
> (2) 指導の重点項目の設定
> 　小中連携においては、多くのことに、一気に取り組もうとするのではなく、むしろ小・中学校に共通する指導の重点項目を定め、それを基軸として、共同的な営みを推進する、あるいは少なくとも、そこから始めるのがよいだろう。例えば学習習慣の定着や学習規律の徹底が、小学生のうちから図

られていれば、中学生になってからの戸惑いも、随分と軽減されるはずである。

(3) 授業の共同実施
　カリキュラム開発が最も進展するのは、おそらくは授業実践を通じてである。小・中学校の教師が一緒に授業をする、すなわちティーム・ティーチングを展開するとなれば、準備段階から、両者の間で意見交換と共同作業が活発化し、教材解釈が深まり、授業づくりのコンセプトや指導技術についての相互理解が進むに違いない。

　また小・中学校間の関係を良好なものとするためには、次の二点が重要である。

(1) 対等互恵の原則
　小中連携の取り組みは、どちらか一方の主張ばかりが通るようだと、おそらくは成立・継続が難しくなる。お互いの歩み寄りが不可欠である。例えば連携対象を特定の教科だけにしてしまうと、教科担任制を敷く中学校の教師の中には、連携に魅力や意義を見出せず、それに対して及び腰になる者が出てくると予想される。だからと言って、すべての教科を連携対象にするべきだと言いたいのではない。複数の教科を包摂する枠組みを設定できれば、両者の接点は増えるであろうし、あるいは教科に依存しないテーマや組織を設けることができれば、小中連携の推進は、いくらかは容易になるはずである。

(2) コーディネーターの役割
　小・中学校双方の要望を仲介するコーディネーターがいるとよいだろう。とりわけ小中連携のスタート時点であれば、教師間のコミュニケーションを成立させることは、決して容易ではない。小(中)学校の教師が当然と思っていることであっても、中(小)学校の教師からすれば理解し難いということも多いはずである。そこで教務主任や研究主任が、両者の意見の連絡・調整窓口になるとよい。連携の主担当を校務分掌として位置づけてもよい。とはいえ、負担の大きな仕事である。校長や教頭はもちろんのこと、教育委員会指導主事のサポートが不可欠である。

小中連携は、異なる文化世界を生きてきた教師達が交流し、新しい教育実践を創造する営みである。それに着手することは、確かに面倒であるかもしれない。しかしそれでもカリキュラム開発のアイディアとレパートリーの充実という点で、チャレンジに値する課題ではなかろうか。

Ⅴ　代表事例

　文部科学省教育課程課・幼児教育課が編集する月刊誌に、よく知られた『初等教育資料』がある。その2010年10月号（通巻865号）の特集1「小学校・中学校の円滑な接続」[5]では、小中連携の実践事例として、次の二つが紹介されている。

事例1：小・中学校の連携による学力向上の取組／京都府精華町立山田
　　　　荘小学校[6]
　山田荘小学校は、精華南中学校とともに（1小1中）、「自他の存在を大切にする表現力・コミュニケーション力を培い、確かな学力と豊かな人間性をはぐくむ児童生徒の育成」をテーマに掲げて、9年間を見通した指導のあり方について、2年間の実践研究を行っている。
　1年目は、「両校の教職員全員が」、学びプロジェクト、心・体プロジェクト「のいずれかに所属し研究を進め、小中合同授業研究部会に分かれてのプログラム作成などを行った」。学びのプロジェクトでは、児童・生徒の「確かな学力」、とりわけ表現力・コミュニケーション力の育成に資するために、次のような取り組みが行われている。

　　書く力の育成：「意図的・系統的に『書く力』を高めるため、国語科
　　　と各教科等の『書く活動』の年間指導計画相互関連表の小・中

学校9年分を作成し取り組んだ」。

学び合い高め合う学習：「9年間を通して、各教科等においての学習のルールを徹底させ、『話合い方』等コミュニケーションスキルを発達段階に応じて身に付けさせるため『司会の仕方』『話合いの仕方』等の手引きを作成し活用している」。

実施体制を見直した2年目は、学びの教育部、心の教育部、体の教育部の「三つの視点からアプローチすることとした」。学びの教育部では、説明力の育成のための9年間のプログラムが作成されている。

9年間の発達の段階に応じた身に付けるべき説明力、説明の語彙、言語活動を整理したマトリクスをベースに、説明力育成の学びの流れを共有した。

また両校は、「小学校から中学校まで9年間を見通したプログラムを組むこと」に加えて、保護者や地域との連携にも一緒に乗り出している。

学校だけでなく、地域や保護者との連携を小・中学校単位で強める小中ネットワーク会議を立ち上げるとともに、地域本部事業としてボランティアの活用も小・中学校連携で取り組むこととした。

事例2：小・中学校の連携による学習習慣・生活習慣確立の取組／福島県会津若松市立謹教小学校[7]

謹教小学校では、日新小学校と若松第三中学校との間で（2小1中）、「学力向上や生徒指導上の課題等について情報交換がなされたり、PTA活動なども共同で行うことなどが以前からよくあった」。その上で3校は、

第9章　方法的措置としての小中連携

「9年間を見通した教育」を「合言葉」に、「それまでの連携のための組織等を見直し、より実行ある連携を目指した取組を行っていくことにした」。具体的には、次のような取り組みに着手している。

　　○家庭学習や生活、食育等の実態を把握し、課題解決に向けた共通の対応策を考え共通実践すること
　　○家庭学習や生活に関するリーフレット等を共同で作成すること
　　○ノーメディアデイを推進すること
　　○各種調査の分析データの引継ぎを確実にし、また可能な限り共有化を図ること
　　○3校の保護者を対象とした3校PTA共催による教育講演会等を実施すること
　　○子ども一人一人の課題に対応した情報交換会をより充実させること
　　○「スクールインフォメーション」の内容の一部の共有化を図ること
　　○授業について連携を図ること（特に小学校5・6年の外国語活動と中学校1年英語の円滑な接続等）

3校は、「特に学習習慣や生活習慣の確立を図ることが、すべての問題解決につながる喫緊の課題であると考えた」。そこで「各学年ごとの家庭での学習や読書の時間の目標とすべき目安などを示したリーフレットを作成し、3校の全家庭に配布した」。その結果、家庭での学習と読書の時間が、ともに増加している。

　　今後は、さらに学年に応じた家庭学習の仕方や授業と家庭学習をつなぐ工夫などを盛り込んだリーフレットを作成し、共通実践をし

ていきたいと考えている。

 また「学校生活やPTA活動等の学校の案内・広報に類する情報」、「家庭学習に関することや生活の約束事などが盛り込まれ」た「『スクールインフォメーション』という冊子を全家庭に配布している」。さらには、市民のための行動指針(「やってはならぬ　やらねばならぬ／ならぬことはならぬものです」)である「『あいづっこ宣言』を踏まえた3校共通の学校・家庭生活の手引きを作成することにしている」。

 　連携の取組としては、現在のところまだ構想しているもののうちの一部の実施の取組にとどまっているが、今後は、3校で9年間を見通した到達目標(学力・体力・学習・生活態度等)を設定するなど、さらに縦横の連携を深めた取組を一つ一つ実践していきたいと考えている。

 事例1では、表現力・コミュニケーション力の中でも、書く力や説明力を子どもに育むための9年間のプログラムが、小・中学校の教師によって作成・共有されており、学び合いのためのルールやスキルが、9年間を通して統一的に指導されている。また小・中学校の保護者の間で、つながりの強化が図られて、合同会議や共同事業が行われている。事例2では、子どもに家庭での学習、読書、生活の習慣をしっかりと身につけさせることをめざして、小・中学校が、従来にも増して協力を深めるとともに、家庭に向けて文書を配布し、必要な情報を提供・共有している。また小中連携の充実に向けた今後の展望が描かれており、例えば中学校区レベルで9年間の到達目標を設定することが予定されている。
 これらの特徴はどれも、たとえ文言は違っても、趣旨としては中教審

答申が想定する範囲内であるか、あるいはⅣで筆者が列挙した「実施上の配慮事項」[8]に合致している。このことから、二つの事例は、いわば官許のものであると同時に、その枠内にとどまらず、教育学研究の立場から見ても、一定の意義が認められるものであるとみなすことができる。

Ⅵ　おわりに

　本章では、小中連携の概念、構想、方法、事例について順次取り上げてきた。意識して、かなり大づかみなレベルでの論述にとどめたため、そのままでは、各学校に固有の条件や個別の事情（教職員の構成、子どもの実態、施設の形態、地域の特性、保護者の意識、その他）にまで十分対応できていないにせよ、それでもエッセンスとなる部分は、過不足なく書き込んだつもりである。

　ただし筆者としても、ここで立ち止まることは本意ではない。各地の学校に足を運び、いくつもの事例を直接に収集し、それぞれについて細部にまで立ち入った検討を加え、適切な時点で結果を集約して、現場実践と学術研究の両方で通用する知見を創出することが、今後の課題である。

注

1　http://www.mext.go.jp/component/a_menu/education/micro_detail/__icsFiles/afieldfile/2017/05/12/1384661_4_2.pdf（accessed 20 November 2017）
　　http://www.mext.go.jp/component/a_menu/education/micro_detail/__icsFiles/afieldfile/2017/06/21/1384661_5.pdf（accessed 20 November 2017）
2　文部科学省教育課程課・幼児教育課編『別冊初等教育資料』2月号臨時増刊（通巻950号）東洋館出版社、2017年2月、p. 19.

3　同上、pp. 120-121.
4　助川晃洋「小・中連携の円滑化に資する異校種間研究・研修活動——教師による共同的なカリキュラム開発を実現するための体制づくり」研究代表竹井成美、平成20年度学部重点経費研究成果報告書『宮崎県内中山間地域の学校教育支援プログラムの構築にかかわる基礎的研究』宮崎大学教育文化学部、2009年3月、pp. 27-28.
　　助川晃洋「小・中学校の教師による共同的なカリキュラム開発の方法」『平成24年度宮崎大学教員免許状更新講習「小中一貫教育の理論と実践」』宮崎大学教育文化学部・大学院教育学研究科、2012年8月、pp. 32-33.
5　構成は、次の通りである。ただし事例1と同2は除く。
　　論説1：小・中学校連携の課題と今後の期待／児島邦宏（pp. 2-7.）
　　論説2：小学校と中学校の円滑な接続／今村卓也（pp. 8-13.）
　　事例3：小学校高学年における教科担任制の取組／宮城県登米市立佐沼小学校（pp. 22-25.）
　　座談会：小学校と中学校の円滑な接続／八並光俊・川﨑雅也・常盤隆・三浦智・澤井陽介（pp. 26-35.）
　　なお事例3は、中教審答申の柱立てに従う限りにおいて、「小・中学校間の連携の取組」には該当しないので、本章のVでは取り上げていない。
6　文部科学省教育課程課・幼児教育課編『初等教育資料』10月号（通巻865号）東洋館出版社、2010年10月、pp. 14-17.
7　同上、pp. 18-21.
8　この用語は、次の箇所から借用した。
　　文部科学省『小学校学習指導要領解説　総則編』東洋館出版社、2008年、pp. 52-73.
　　文部科学省『中学校学習指導要領解説　総則編』ぎょうせい、2008年、pp. 52-75.

あとがき

　本書の各章は、これまでに教職のテキストや勤務校の紀要、学会の機関誌に発表してきた以下の論稿をベースとして成り立っている。

第1章：「西洋教育の思想」唐沢勇・樋口直宏・牛尾直行編著『実践に活かす教育基礎論・教職論』学事出版、2003年、pp. 38-54.

第2章：「教育学的概念としての"Erlebnis"の独自性――"Erfahrung"との相違に着目して」『教育学論叢』第33号、国士舘大学教育学会、2016年2月、pp. 37-54.

第3章：「キー・コンピテンシーと"well-being"――DeSeCoプロジェクトにおける両者の関係のとらえ方とそれを支える福祉理論について」『宮崎大学教育文化学部紀要（教育科学）』第23号、宮崎大学教育文化学部、2010年9月、pp. 25-37.

第4章：「子どもの"well-being"にかかわる教育言説の妥当性――日本の子どもの自尊感情と幸福度の低さについて」『宮崎大学教育文化学部紀要（教育科学）』第24号、宮崎大学教育文化学部、2011年3月、pp. 11-23.

第5章：「入学者選抜段階における公立中高一貫校の学力要求――教育課程評価としての適性検査に着目して」『教育学論叢』第34号、国士舘大学教育学会、2017年2月、pp. 43-80.

第6章：「授業研究の諸相――学術研究と現場実践の重層性」『教育学

　　　　論叢』第 34 号、国士舘大学教育学会、2017 年 2 月、pp. 81-106.
第 7 章：「『主体的・対話的で深い学び』に関する基本的考察――アクティブ・ラーニングの視点からの授業改善に向けて」『教育学論叢』第 35 号、国士舘大学教育学会、2018 年 2 月、pp. 93-107.
第 8 章：「カリキュラム・マネジメント実践における『つながり』の創出――特に学校段階間の接続について」『教育学論叢』第 35 号、国士舘大学教育学会、2018 年 2 月、pp. 69-79.
第 9 章：「小中連携をどう進めるか――学習指導要領の理念を具現化するための方法的措置として」『教育学論叢』第 35 号、国士舘大学教育学会、2018 年 2 月、pp. 81-92.

　今回、これら 9 編の旧稿を統一したテーマの下にとりまとめ、一書として仕上げるに当たっては、すべてに対して大小様々な加除修正を施し、再編し、体裁を改めた。しかし初出掲載時のスタイルを意識的に残したところもある。この点については、表現や形式が不統一であり、調整が行き届いていないとの印象を与える可能性を恐れているが、あくまでも筆者としては、もともとの成立経緯、対象の相違、読者の便宜、その他の諸条件を総合的に勘案した結果に基づく前向きな対応であると考えている。また文部科学省のホームページを閲覧の上、そこに掲載されている答申等から引用を行った場合には、よく知られた文書・文言であることを踏まえ、煩雑になることを避けるために、一部を除いて、あえて出典（URL）を明記しなかった。ご寛恕を請う次第である。

　本書へとつながる個々の研究を行う過程では、その間に本務校として所属した二つの大学、すなわち宮崎大学教育文化学部（1997 〜 2014 年度）

あとがき

と国士舘大学文学部（2015年度〜現在に至る）で教育学を専攻する先生方を中心に、実に多くの方々のご指導、ご助言、ご教示、ご協力をかたじけなくしてきた。そのすべてが、本当にありがたかった。

　とりわけ宮崎大学教授の河原国男先生から頂戴した多大な学恩には、ふさわしい感謝の言葉が見つからないし、どれほどの饒舌をもってしても、その気持ちを余すところなく伝えることはできそうにない。宮崎大学での18年間を振り返るとき、そこで河原先生と出会えたことは、まさしく僥倖であり、教育、研究、管理運営、社会的活動等、色々な場面でご一緒に仕事をさせていただいた経験は、私にとって何物にも勝る貴重な財産となっている。河原先生は、学内外で要職を掛け持ち、多忙な毎日をお過ごしであったにもかかわらず、主に教育思想史の分野で、はるかに若輩の私よりも精力的に、数多くの、重厚長大で、しかもハイレベルな作品を世に問い続けていらっしゃった。そのお姿に近くで接することによって、追いつき、追い抜くことは到底無理でも、せめて背中を見ながら走り続けたいという欲求が、絶えず私の中に喚起されていった。中央から遠く離れた南国リゾートで、ともすれば惰性に流されがちな私が何とかアカデミズムの世界の末席に踏みとどまることができたのは、河原先生が、常に新鮮な知的刺激を与えてくれたからである。また個人的な事情で私が宮崎を離れてから、もうじき丸3年を迎えるが、その1年目には、河原先生のご推薦とご尽力により、在職当時と同じく、宮崎大学教員免許状更新講習の講師を担当する機会に恵まれた。まだまだ現役の身であり続ける中年者の立場からすれば、宮崎大学での「引退試合」が、定年退職教員が、その間際に恒例行事として行う最終講義のようなセレモニー的なものではなく、中堅・ベテラン現場教師相手の緊張感に満ちた真剣勝負であったこと、充実感と満足感を胸一杯に抱えて、慣れ親しんだ教壇を悔いなく降りることができたことが、とてもうれしかっ

た。そして本書は、随分と長く「留年」してしまった私から、河原先生にようやく提出する「卒業論文」である。果たして合格点をいただけるであろうか。

　それにしても宮崎の地は、東京都世田谷区に勤務地が変わったいまもなお、とても大事な場所として、私の心の中に生き続けている。混雑するJR埼京線の通勤電車の中で、横山秀夫の警察小説『64／ロクヨン（下）』を読み、そこに次の感動的な一節を偶然見つけたとき（文藝春秋、2015年、p. 306.）、私は、思わず膝を打った。

　　　初めての勤務地は特別だ。親の庇護を離れて自活する。仕事を覚え、道を覚え、店を覚え、住み、食べ、眠り、悩み、己の両足で大地を踏みしめる。本当の自分が生まれた場所なのだ。故郷以上に故郷なのだ。

　しかしいつまでも、過去の出来事を振り返り、楽しい思い出に浸ってばかりいるわけにはいかない。この場を借りて、今後より一層精進を重ねることを誓いたい。

　最後になってしまったが、本書の出版に際しては、春風社の石橋幸子、横山奈央の両氏には、大変お世話になった。石橋様は、書き散らかされた状態にあった拙稿の数々に目を通し、本にまとめることを強く勧めて下さった。横山様は、直接の編集担当として、面倒なこと、わがままなことをいくつもお願いしたにもかかわらず、快く受け入れて下さった。お二人の労に対し厚くお礼申し上げたい。

2018年2月

　　　　　　　　　　　　　　　　　　　　　　　　助　川　晃　洋

【著者】助川晃洋（すけがわ・あきひろ）

一九六八年生。千葉大学教育学部卒業。筑波大学大学院教育学研究科博士課程単位取得退学。宮崎大学教育文化学部准教授などを経て現在、国士舘大学文学部教授。博士（教育学）。教育方法学専攻。

主な著書に『現代学力形成論』（分担、協同出版、一九九六年）、『教育内容・方法』（分担、培風館、二〇一〇年）、『小中一貫・連携教育の実践的研究——これからの義務教育の創造を求めて』（共編著、東洋館出版社、二〇一四年）などがある。

教育方法改革の理論

2018年4月7日　初版発行

著者　助川晃洋　すけがわ・あきひろ

発行者　三浦衛

発行所　春風社 Shumpusha Publishing Co.,Ltd.
横浜市西区紅葉ヶ丘53　横浜市教育会館3階
〈電話〉045-261-3168　〈FAX〉045-261-3169
〈振替〉00200-1-37524
http://www.shumpu.com　✉ info@shumpu.com

装丁　矢萩多聞
印刷・製本　シナノ書籍印刷株式会社

乱丁・落丁本は送料小社負担でお取り替えいたします。
©Akihiro Sukegawa. All Rights Reserved.Printed in Japan.
ISBN 978-4-86110-578-4 C0037 ¥2000E